中职会计专业高职高考一本通

财务会计全能练

聂海英　总主编
樊小红　主　编
刘艳梅　王晓清　副主编

科学出版社
北　京

内 容 简 介

本书是紧扣《企业财务会计（第四版）》（葛家澍、耿金岭，高等教育出版社）的配套复习题。全书共十章，包含概述，货币资金，应收及预付款项，存货，固定资产，无形资产和长期待摊费用，流动负债和非流动负债，所有者权益，收入、费用和利润，财务报表。每一章根据主教材的知识配备测试题，重点章安排了三套测试题，并给出参考答案及解析。书中题量大，但不重复；题目经典，又不失新颖，具有较强的实用性和指导性。

本书既可以作为应用型本科和高职专科会计专业对口招生考试、中等职业学校会计专业贯通培养项目转段招生考试、会计职称考试的教辅材料，也可以作为会计专业学生、经济管理人员、在职会计人员继续教育知识巩固的教辅材料或参考书。

图书在版编目（CIP）数据

财务会计全能练/樊小红主编. —北京：科学出版社，2018.8
（中职会计专业高职高考一本通 / 聂海英总主编）
ISBN 978-7-03-058568-4

Ⅰ. ①财… Ⅱ. ①樊… Ⅲ. ①财务会计－中等专业学校－习题集
Ⅳ. ①F234.4-44

中国版本图书馆 CIP 数据核字（2018）第 195228 号

责任编辑：涂 晟 李 娜 / 责任校对：刘玉靖
责任印制：吕春珉 / 封面设计：东方人华平面设计部

科学出版社出版
北京东黄城根北街 16 号
邮政编码：100717
http://www.sciencep.com
三河市骏杰印刷有限公司印刷
科学出版社发行 各地新华书店经销
*
2018 年 8 月第 一 版 开本：787×1092 1/8
2018 年 8 月第一次印刷 印张：15 3/4
字数：364 000
定价：45.00 元（含答案）
（如有印装质量问题，我社负责调换〈骏杰〉）
销售部电话 010-62136230 编辑部电话 010-62135763-2013

前　言

目前，中职类学校会计专业的培养目标是：修完基础会计和企业财务会计、财经法规与职业道德三门课程后，成为具备基本会计技能的初级会计人才，进而通过参加理论与技能相结合的考试，成绩合格升入高职学校继续学习，成为中、高级会计人才。在过去的高职考试历次改革中，我们可以看到，会计理论知识占分比重越来越大。经过2017年的高考改革，2018年对口高职考试会计专业会计理论考试分值达到200分，技能操作分值达到250分。在有限的中职学习阶段，学生需要通过大量的实用性和指导性强的练习来完成对基础知识的强化和巩固。有了坚实的理论基础，才能更好地辅助完成技能操作。同时，国家取消会计从业资格证书的考试，可以直接报名参加会计专业技术初级资格的考试（以下简称初级会计职称考试），要完成初级会计职称考试，需要系统学习企业财务会计知识。鉴于上述情况，特编写出实用性和指导性很强的《财务会计全能练》。

本书知识全面，重难点突出，具体有以下特点：

一、适用范围广

本书既可以作为应用型本科和高职专科会计专业对口招生考试、中等职业学校会计专业贯通培养项目转段招生考试、会计职称考试的教辅材料，也可以作为会计专业学生、经济管理人员、在职会计人员继续教育知识巩固的教辅材料或参考书。

二、针对性强

本书针对《企业财务会计（第四版）》的所有知识点内容，经过反复筛选、立意；命题时，题型、难易程度、解题思路均按考试重点设置，直击考点，针对性强。

三、基础扎实

本书紧扣各知识点，精心设计，做到精析精练、夯实基础，有效提高会计专业技能。本书能够帮助读者迅速理清知识脉络，明确重点、难点，从而达到全面、系统、快速、高效备考的目的。

本书的编写队伍由具有职业院校会计专业丰富教学经验，多年来一直指导学生参加应用型本科和高职专科会计专业对口招生考试取得优异成绩的老师团队组成。各章编写人员与分工如下：尹惠（第一、三章）、王晓清（第二、四章）、樊小红（第五、六章）、张艳艳（第七、八章）、刘艳梅（第九、十章）。

2018年4月，财政部、国家税务总局发布了《关于调整增值税税率的通知》（财税〔2018〕32号），明确规定：自2018年5月1日起，纳税人发生增值税应税销售行为或者进口货物，原适用17%和11%税率的，税率分别调整为16%、10%。如遇相关内容，请读者自行使用新税率。

在本书编写过程中，编者参阅了同类出版物及网络题目，广泛听取了行业专家及众多一线老师的意见，汲取了同类、同层次教辅资料的长处，在此一并表示感谢。特别鸣谢重庆市旅游学校的各级领导给予本书编写组的大力支持。

由于时间紧，编者水平有限，不足之处在所难免，恳请广大读者批评指正。

目　　录

第一章　概述…… 1

第二章　货币资金…… 5

第三章　应收及预付款项…… 9

第四章　存货…… 17

第五章　固定资产…… 29

第六章　无形资产和长期待摊费用…… 41

第七章　流动负债和非流动负债…… 45

第八章　所有者权益…… 57

第九章　收入、费用和利润…… 61

第十章　财务报表…… 73

第一章　概　　述

复习测试题

（满分100分，考试时间100分钟）

一、单项选择题（每小题2分，共40分）

1. 界定会计核算范围和明确会计处理的立场的会计核算的基本前提是（　　）。

A. 会计主体　　B. 持续经营

C. 会计分期　　D. 货币计量

2. 出现权责发生制和收付实现制的区别，进而出现应收、应付、递延、预提、待摊等会计处理方法，是建立在（　　）基础上的。

A. 会计主体　　B. 持续经营

C. 会计分期　　D. 货币计量

3. 企业在进行会计确认、计量和报告过程中对交易或者事项应当区别其重要程度，采用不同的处理方式，这体现了（　　）要求。

A. 可理解性　　B. 谨慎性

C. 相关性　　D. 重要性

4. 在利润表中，对主营业务要求详细列示其收入、成本、费用，对其他业务只要求简略列示其利润，这一做法体现了（　　）。

A. 真实性原则　　B. 明晰性原则

C. 重要性原则　　D. 配比原则

5. 对各项资产应按经济业务的实际交易价格计量，而不考虑随后市场价格变动的影响，其所遵循的会计核算原则是（　　）。

A. 客观性原则　　B. 相关性原则

C. 历史成本原则　　D. 权责发生制原则

6. 会计核算的信息质量要求中，要求合理核算可能发生的费用和损失，这体现了（　　）原则。

A. 重要性　　B. 谨慎性

C. 权责发生制　　D. 可比性

7. 下列各项中，体现谨慎性信息质量要求的是（　　）。

A. 存货采用历史成本计价　　B. 应收账款计提坏账准备

C. 当期销售收入与费用配比　　D. 融资租入固定资产作为企业财产入账

8. 甲企业2011年5月购入了一批原材料，会计人员在7月才入账，该事项违背的会计信息质量要求是（　　）要求。

A. 相关性　　B. 客观性

C. 及时性　　D. 明晰性

9. 目前我国的行政单位会计采用的会计基础主要是（　　）。

A. 权责发生制　　B. 应收应付制

C. 收付实现制　　D. 统收统支制

10. 我国实行公历制会计年度是基于（　　）的会计基本假设。

A. 会计主体　　B. 货币计量

C. 会计分期　　D. 持续经营

11. 资金运动过程中，资金形态也相应发生变化，经历了①生产资金、②货币资金、③储备资金、④成品资金、⑤结算资金等过程，下列各项中，能够正确反映资金形态变化顺序的是（　　）。

A. ①②③④⑤②　　B. ⑤②③①④⑤

C. ②③①④⑤②　　D. ③②①④⑤②

12. 会计核算时将以融资租赁方式租入的资产视为企业的资产，这所反映的会计信息质量要求是（　　）。

A. 实质重于形式　　B. 谨慎性

C. 相关性　　D. 及时性

13. 在可预见的未来，会计主体不会破产清算，所持有的资产将正常营运，所负有的债务将正常偿还，这属于（　　）假设。

A. 会计主体　　B. 持续经营

C. 会计分期　　D. 货币计量

14. 在我国会计期间分为年度、半年度、季度和月度，它们均按（　　）起讫日期确定。

A. 公历　　B. 农历

C. 7月制　　D. 4月制

15. 下列各项支出，属于收益性支出的是（　　）。

A. 租入固定资产改良支出　　B. 企业销售人员工资支出

C. 购买土地使用权支出　　D. 在建工程人员工资支出

16. 下列各项中，适用于划分各会计期间收入和费用的原则是（　　）。

A. 配比原则　　B. 权责发生制

C. 可比性　　D. 谨慎性

17. 在会计信息质量要求中，要求企业提供的会计信息应当清晰明了的是（　　）原则。

A. 谨慎性　　B. 可比性

C. 可理解性　　D. 可靠性

18. 在会计核算过程中，会计处理方法前后各期（　　）。

A. 应当一致，不得随意变更　　B. 可以变动，但须经过批准

C. 可以任意变动　　D. 应当一致，不得变动

19. 企业进行会计确认、计量和报告行为应遵循的规范是（　　）。

A.《会计法》　　B.《企业会计准则》

C. 企业会计制度　　D. 会计信息质量要求

20．企业财务会计记账应采取（　　）记账法。

A．收付　　B．增减

C．单式　　D．借贷

二、多项选择题（每小题 2 分，共 20 分）

1．下列各项中，属于会计核算基本前提的有（　　）。

A．历史成本　　B．持续经营

C．会计主体　　D．会计分期

E．权责发生制

2．下列各组织中，可以作为一个会计主体进行会计核算的有（　　）。

A．企业生产车间　　B．母公司及子公司组成的企业集团

C．分公司　　D．独资企业

E．外资企业

3．根据《企业会计准则》，企业的会计期间可分为（　　）。

A．年度　　B．季度

C．月度　　D．半年度

E．半月度

4．下列会计核算方法中，体现谨慎性原则的有（　　）。

A．应收账款坏账核算的备抵法　　B．固定资产的加速折旧法

C．存货计价的加权平均法　　D．固定资产采用直线法计提折旧

E．对销售的产品实行“质量三包”

5．下列项目中，属于我国会计核算一般原则的有（　　）。

A．客观性　　B．实质重于形式

C．持续经营　　D．重要性

E．明晰性

6．下列各项中，（　　）属于资金投入。

A．企业收到张三投入的资金 10 万元

B．企业向银行借入三年期借款 50 万元

C．企业发行三年期债券 200 万元

D．企业向投资者分配现金股利 10 万元

E．企业偿还前欠货款

7．各单位在进行会计核算时，应符合的一般要求有（　　）。

A．必须根据实际发生的经济业务事项进行会计核算

B．发生的各项经济业务事项应当在依法设置的会计账簿上统一登记、核算

C．会计记录的文字只能使用中文

D．使用电子计算机进行会计核算的，其软件及其生成的会计资料必须符合国家统一会计制度的规定

E．在我国境内的业务收支以外币为主的外资企业以外币作为记账本位币

8．下列业务中，属于资金退出的有（　　）。

A．购买材料　　B．缴纳税费

C．对外分配利润　　D．归还银行借款

E．购置厂房

9．企业财务会计信息的使用者包括（　　）。

A．投资者　　B．职工

C．供应商　　D．债务人

E．税务局

10．会计核算方法包括（　　）。

A．财产清查　　B．编制会计分录

C．登记账簿　　D．成本核算

E．设置账户

三、判断题（每小题 1 分，共 14 分）

1．企业会计制度规定，我国境内企业必须以人民币作为记账本位币进行会计核算。（　　）

2．企业应当按照交易或事项的经济实质进行会计核算，而不应当仅仅以它们的法律形式作为会计核算的依据。（　　）

3．会计核算的基本前提之所以又称为会计假设，是由于其缺乏客观性及人们无法对其进行证明。（　　）

4．会计主体是进行会计核算的基本前提，一个企业可以根据具体情况，确定一个或若干个会计主体，作为会计核算的基础。（　　）

5．谨慎性原则要求企业对交易或者事项进行会计确认、计量和报告时应当保持应有的谨慎，不应低估资产或者收益，高估负债或者费用。（　　）

6．我国会计制度规定，所有单位都应以权责发生制作为基础进行核算。（　　）

7．会计主体是指企业法人。（　　）

8．会计主体一般都是法律主体，但法律主体不一定是会计主体。（　　）

9．在会计核算的一般原则中，要求会计核算应当以实际发生的经济业务为依据的原则是历史成本原则。（　　）

10．会计核算以人民币为记账本位币，业务收支以外币为主的企业，也可选择某种外币作为记账本位币，但编报的财务会计报告应当折算为人民币反映。（　　）

11．历史成本原则是指各项财产物资应当按取得时的实际成本计价，物价变动时不得调整其账面价值。（　　）

12．企业财务会计记录的文字可根据企业需要选择某一种文字。（　　）

13．经济越发展，会计越重要，会计是随着生产的发展而产生的，又是随着生产和经济的发展而得以发展与完善的。（　　）

14．一般情况下，计算应纳税所得额的基础是权责发生制。（　　）

四、计算题（共26分）

美华公司本月发生如下经济业务：

（1）出售产品200件，售价20 000元，款已收存银行。

（2）收到W公司上月所欠货款4 000元，已存入银行。

（3）销售产品50件，售价 12 000元，货款尚未收到。

（4）以存款支付本月水电费 3 200元。

（5）以银行存款1 200元预付下季度的报刊费。

（6）向 M单位预收货款10 000元。

（7）按合同规定向M单位发出产品，价值150 000元，除了以原预收款抵付货款外，余款暂欠。

（8）本月借款利息 2 000元，尚未支付。

（9）以银行存款支付全年营业用房租金120 000元，本月应摊销10 000元。

（10）以银行存款支付上季度租入设备的租金6 000元。

要求：采用两种不同的会计基础对上述10笔经济业务在下表中进行处理。

<table>
<tr><th rowspan="2">业务序号</th><th colspan="2">收付实现制</th><th colspan="2">权责发生制</th></tr>
<tr><th>收入</th><th>费用</th><th>收入</th><th>费用</th></tr>
<tr><td>（1）</td><td></td><td></td><td></td><td></td></tr>
<tr><td>（2）</td><td></td><td></td><td></td><td></td></tr>
<tr><td>（3）</td><td></td><td></td><td></td><td></td></tr>
<tr><td>（4）</td><td></td><td></td><td></td><td></td></tr>
<tr><td>（5）</td><td></td><td></td><td></td><td></td></tr>
<tr><td>（6）</td><td></td><td></td><td></td><td></td></tr>
<tr><td>（7）</td><td></td><td></td><td></td><td></td></tr>
<tr><td>（8）</td><td></td><td></td><td></td><td></td></tr>
<tr><td>（9）</td><td></td><td></td><td></td><td></td></tr>
<tr><td>（10）</td><td></td><td></td><td></td><td></td></tr>
<tr><td>合计</td><td></td><td></td><td></td><td></td></tr>
<tr><td>本月损益</td><td colspan="2"></td><td colspan="2"></td></tr>
</table>

第二章　货 币 资 金

复习测试题

（满分100分，考试时间100分钟）

一、单项选择题（每小题 2 分，共 24 分）

1．企业将款项委托开户银行汇往采购地银行，开立采购专户时，应借记（　　）。

A．银行存款　　B．其他应收款

C．备用金　　D．其他货币资金

2．企业为了取得信用卡按照规定存入银行的款项是（　　）。

A．信用保证金存款　　B．银行汇票存款

C．银行本票存款　　D．信用卡存款

3．支票的起点金额为（　　）元。

A．5 000　　B．500

C．100　　D．1 000

4．企业一般不得从本企业的现金收入中直接支付现金，因特殊情况需要坐支现金的，应事先报经（　　）审查批准。

A．开户银行　　B．上级主管部门

C．审计部门　　D．工商行政管理部门

5．库存现金的清查采用（　　）方法。

A．核对　　B．永续盘存制

C．实地盘点　　D．实地盘存制

6．对未达账项可以通过编制（　　）进行调节。

A．盘存单　　B．账存实存盘点表

C．银行存款余额调节表　　D．试算平衡表

7．无法查明原因的现金短缺，审批后的会计分录为（　　）。

A．借：营业外支出
　　贷：待处理财产损溢——待处理流动资产损溢

B．借：其他应收款
　　贷：待处理财产损溢——待处理流动资产损溢

C．借：管理费用
　　贷：待处理财产损溢——待处理流动资产损溢

D．借：营业外收入
　　贷：待处理财产损溢——待处理流动资产损溢

8．银行汇票的付款期为自出票日起（　　）。

A．半年　　B．1 年

C．3 个月　　D．1 个月

9．下列银行结算方式中，只适合同城结算的是（　　）。

A．商业汇票　　B．托收承付

C．银行本票　　D．委托收款

10．用转账支票支付前欠货款，则贷记（　　）账户。

A．应付票据　　B．银行存款

C．其他货币资金　　D．应收票据

11．现金实存数大于账存数的差额称为（　　）。

A．现金短款　　B．现金长款

C．账户结存数　　D．实有结存数

12．支票是由（　　）签发的票据。

A．开户银行　　B．银行的存款人

C．付款人　　D．支票持有人

二、多项选择题（每小题 2 分，共 20 分）

1．属于“其他货币资金”账户核算内容的项目有（　　）。

A．信用证保证金存款　　B．银行存款

C．外埠存款　　D．银行汇票存款

E．信用卡存款

2．只能用于同城结算的有（　　）。

A．商业汇票　　B．支票

C．银行本票　　D．委托收款

E．托收承付

3．企业在资金暂时不足的情况下也不能使用的结算方式有（　　）。

A．银行本票　　B．银行汇票

C．商业汇票　　D．支票

E．外埠存款

4．既可用于同城结算，又可用于异地结算的结算方式有（　　）。

A．商业汇票　　B．委托收款

C．支票　　D．银行汇票

E．信用卡

5．下列说法中，正确的有（　　）。

A．企业收入现金应于当日送存开户银行

B．企业从开户银行提取现金时必须写明真实用途

C．企业不能用现金收入来直接支付现金

D．企业与其他单位的经济往来，除在规定的范围内可以使用现金外，应通过开户银行进行转账结算

E．库存现金限额是由企业确定的

6．下列项目中，属于现金使用范围的有（　　）。

A．向个人收购废旧物品 200 元　　B．支付个人劳动报酬 3 000 元

C．出差借支差旅费 5 000 元　　D．购入 1 500 元的原材料

E．支付 200 元广告费

7．下列选项中，属于货币资金的有（　　）。

A．库存现金　　B．银行存款

C．外埠存款　　D．银行汇票存款

E．信用卡存款

8．下列选项中，属于未达账项的有（　　）。

A．企业已收款入账，银行尚未收款入账

B．企业已收款入账，银行已收款入账

C．银行已收款入账，企业尚未付款入账

D．银行已付款入账，企业尚未付款入账

E．企业已付款入账，银行已付款入账

9．下列票据中，不能用“应收票据”核算的有（　　）。

A．转账支票　　B．银行本票

C．商业汇票　　D．银行汇票

E．现金支票

10．银行存款余额调节表经调节后双方余额仍然不等的原因可能有（　　）。

A．银行方错记　　B．银行方和企业方均漏记相同一笔业务

C．企业方漏记　　D．银行方漏记

E．企业方错记

三、判断题（每小题 1 分，共 13 分）

1．无法查明原因的现金溢余记入“营业外收入”账户。（　　）

2．其他货币资金按其种类进行明细分类核算。（　　）

3．现金支票用“库存现金”账户进行核算。（　　）

4．企业一般存款账户可以支取现金。（　　）

5．单位出纳人员不得兼管稽核、会计档案保管和收入、支出、费用、债权债务账目的登记工作。（　　）

6．现金支票只能用于支取现金，但不能用于转账。（　　）

7．汇兑适用于单位和个人的各项款项的结算，并且结算有起点金额的限制。（　　）

8．用信用卡支付管理费用应贷记“银行存款”账户。（　　）

9．编制银行存款余额调节表，对企业来说可以掌握能够支取的银行存款实有数。（　　）

10．企业通过银行存款清查发现银行存款损失，经批准转入“管理费用”账户。（　　）

11．银行存款清查采用企业银行存款日记账与银行方转来的对账单逐笔核对。（　　）

12．企业向银行交纳的信用证保证金应记入“其他应收款”账户。（　　）

13．商业汇票按其承兑人的不同，分为银行承兑汇票和商业承兑汇票。（　　）

四、制表题（共 4 分）

根据以下资料编制银行存款余额调节表。

某公司 2015 年 9 月银行存款余额 110 000 元，银行对账单余额 130 200 元，经核对有以下未达账项：

（1）委托银行代收的货款 15 000 元，银行已经收到并登记入账，由于收账通知未送达公司，故公司尚未入账。

（2）公司开出转账支票 12 800 元，银行尚未记账。

（3）公司存入转账支票 4 000 元，银行尚未入账。

（4）电信局委托银行代收公司应付电话费 1 600 元，银行已从该公司存款中代付，由于公司尚未收到付款通知单，尚未入账。

（5）银行代付电费 2 000 元，公司尚未收到付款通知，尚未入账。

五、业务题（每小题 3 分，共 39 分）

根据下列经济业务编制会计分录。

1．某企业因采购需要向银行申请开立信用证，按规定向银行交纳 1 600 元的保证金。

2．某企业职工李华出差，预借差旅费 2 000 元，以现金支付。

3．某企业收到乙公司归还前欠货款的转账支票一张，金额 82 000 元，该企业将支票和填制的进账单送交开户银行。

4．某企业采用汇兑结算方式，委托银行将款项 23 000 元划转给丙公司，以偿还前欠货款。

5．弘扬股份有限公司 2015 年 5 月 10 日，在对库存现金进行清查时，发现短缺 50 元。

6．库存现金清查短缺 300 元，经查明原因系出纳员章余的责任，应由其赔偿。编制审批后的会计分录。

7．库存现金溢余 400 元原因不明，经批准转作营业外收入。

8．现收到银行转来的托收承付收账通知，款项 15 000 元。

9．弘扬股份有限公司 2015 年 3 月 5 日委托银行办理 50 000 元银行汇票，公司填送“银行汇票申请书”并将款项交存银行，取得银行汇票，根据银行盖章退回的申请书存根联编制会计分录。

10．现金清查中发现的现金长款 3 000 元是由于应付给长虹公司的款项未付造成的。

11．弘扬股份有限公司采购员持 4 000 元的银行本票前往大业公司采购 B 材料一批，取得的增值税专用发票上注明：价款 3 000 元，增值税 510 元，同时发生运杂费 490 元，材料已验收入库。材料采用实际成本法核算。

12．某企业取得开户行转回多余的银行汇票金额 350 元的收账通知。

13．开证行交来信用证通知书，信用证显示金额为 3 000 元，同时取得从大华公司购买 C 材料的增值税专用发票，发票上注明价款 4 000 元，增值税 680 元，差额用银行存款补付，材料尚未到达，采用实际成本法核算。

第三章　应收及预付款项

复习测试题（一）

（满分100分，考试时间100分钟）

一、单项选择题（每小题 2 分，共 24 分）

1．在我国，应收票据是指（　　）。

A．支票　　B．银行本票

C．银行汇票　　D．商业汇票

2．超过承兑期收不回的应收票据，应（　　）。

A．转作管理费用　　B．冲减坏账准备

C．转作应收账款　　D．冲减营业收入

3．票据到期日为 2015 年 1 月 31 日，1 个月到期，则到期日为该年的（　　）。

A．3 月 1 日　　B．2 月 28 日

C．2 月 29 日　　D．3 月 2 日

4．某企业 2013 年 7 月 1 日签发一张期限为 90 天的商业承兑汇票，其到期日为（　　）。

A．9 月 28 日　　B．9 月 29 日

C．9 月 30 日　　D．10 月 1 日

5．下列项目中，按照《企业会计准则》的规定，销售企业应当作为财务费用处理的是（　　）。

A．销售方发生的销售折让　　B．销售方发生的商业折扣

C．购货方获得的现金折扣　　D．购货方放弃的现金折扣

6．某企业赊销商品一批，商品标价 10 000 元，商业折扣 20%，增值税税率为 17%，现金折扣条件为 2/10，*n*/20，代垫运费 200 元，若该企业应收账款按总价法核算，则应收账款的入账金额为（　　）元。

A．9 560　　B．9 360

C．11 700　　D．11 900

7．企业发生下列各项交易或事项，不得通过“其他应收款”账户核算的是（　　）。

A．备用金　　B．存出的保证金

C．应收的各种罚款　　D．拨出用于投资的款项

8．在期末结账前，“坏账准备”账户如果有借方余额，反映的内容是（　　）。

A．提取的坏账准备

B．已经发生的坏账损失

C．收回以前已经确认并转销的坏账损失

D．已确认的坏账损失超出坏账准备的金额

9．企业采用备抵法核算时，下列各项目中，不能提取坏账准备的是（　　）。

A．应收销售款　　B．存出保证金

C．代购货单位垫支的运杂费　　D．货币资金

10．一张期限为 90 天的票据，本金为 50 000 元，年利率为 10%，其到期利息为（　　）元。

A．3 500　　B．1 250

C．2 500　　D．1 500

11．期末，企业对带息应收票据计提利息时，正确的会计处理是（　　）。

A．借记“应收票据”账户，贷记“财务费用”账户

B．借记“应收利息”账户，贷记“利息收入”账户

C．借记“应收票据”账户，贷记“其他业务收入”账户

D．借记“应收利息”账户，贷记“其他业务收入”账户

12．不带息票据到期价值应等于（　　）。

A．票面价值　　B．票面价值+利息

C．贴现值　　D．贴现值+利息

二、多项选择题（每小题 2 分，共 20 分）

1．我国的应收票据包括（　　）。

A．银行本票　　B．委托收款凭证

C．商业承兑汇票　　D．银行承兑汇票

E．银行汇票

2．坏账是指企业无法收回的（　　）等。

A．库存现金　　B．应收账款

C．其他应收款　　D．银行存款

E．对外投资

3．下列有关坏账的确认中，说法正确的有（　　）。

A．因债务人破产，经法律清偿后，确实无法收回的应收账款

B．债务人死亡，遗产清偿后无法收回的应收账款

C．债务人逾期 3 年不能履行义务，经主管部门审核后可列为坏账的应收账款

D．发生严重的自然灾害等导致债务单位停产而在短时间内无法偿付

E．债务单位撤销、资不抵债，确定不能收回

4．下列款项中，应计提坏账准备的有（　　）。

A．应付票据　　B．应收账款

C．预付款项　　D．其他应收款

E．预收款项

5．处理坏账损失的方法有（　　）。

A．备抵法　　B．盘存法

C．加权平均法　　D．直接转销法

E．直线法

6．其他应收款核算的内容包括（　　）。

A．一次性备用金　　B．应收的各种罚款

C．预付的货款　　D．存出的保证金

E．为职工暂垫的房租、水电费

7．在附有现金折扣条件下，应收账款的计价方法有（　　）。

A．总价法　　B．后进先出法

C．加权平均法　　D．净价法

E．先进先出法

8．进行预付款核算时，可以运用的账户是（　　）。

A．应收账款　　B．应付账款

C．预付账款　　D．其他应收款

E．其他应付款

9．坏账准备账户的贷方反映（　　）。

A．已发生的坏账损失

B．收回应收账款

C．收回以前已确认并转销的坏账损失

D．按期末应收账款余额乘以计提比例的坏账准备

E．冲回多提的坏账准备

10．按照现行制度的规定，可以作为应收账款的入账金额的项目有（　　）。

A．销项税额　　B．商业折扣

C．现金折扣　　D．应收包装物租金

E．代购货单位垫支运杂费

三、判断题（每小题 1 分，共 13 分）

1．应收票据有发生坏账的风险，一般企业应对其计提坏账准备。（　　）

2．带息票据的到期值等于应收票据的面值。（　　）

3．应收账款是企业因采购商品等经营活动所形成的债务。（　　）

4．企业计提坏账准备的方法由企业自行确定，但是坏账准备计提方法一经确定，不得随意变更，如需变更，应在会计报表附注中予以说明。（　　）

5．商业折扣是债权人为鼓励债务人在规定期限内付款而向其提供的债务扣除。（　　）

6．将销售方给予客户的现金折扣视为融资的财务费用。（　　）

7．采用备抵法核算坏账损失，需设置"坏账准备"账户。（　　）

8．企业坏账准备提取的方法和提取的比例应由国家统一规定。（　　）

9．在存在现金折扣的情况下，若采用总价法核算，应收账款应按销售收入扣除预计的现金折扣后的金额确认。（　　）

10．企业按年末应收款项余额的一定比例计算的坏账准备金额，应等于年末结账后"坏账准备"账户的余额。（　　）

11．企业对于确实无法收回的应收款项，经批准作为坏账损失，冲销提取的坏账准备，借记"坏账准备"账户，贷记"应收账款""其他应收款"等账户。（　　）

12．企业在销售商品的过程中，代购货单位垫付的包装费、运杂费不应计入应收账款，而应计入其他应收款。（　　）

13．贴现是指持票人因急需资金，将未到期的商业汇票背书后转让给银行，银行受理后，从票面金额中扣除按银行贴现利率计算确定的贴现利息后，将余额支付给持票人（即贴现企业）的业务活动。（　　）

四、计算题（第 1 题 8 分，第 2 题 6 分，共 14 分）

1．某企业于 8 月 10 日将一张 5 月 10 日签发的带息商业票据向银行贴现，该票据面值为 50 000 元，票据利率 12%，期限 6 个月，贴现率为 10%。

要求：计算票据到期值、贴现期、贴现利息、贴现净额。

2．甲公司销售给乙公司一批商品，价款 100 000 元，增值税款为 17 000 元，代购货方垫付的运费 3 000 元，该项交易附有现金折扣条件：2/10，*n*/30（假设计算现金折扣时不考虑增值税问题）。

要求：（1）计算甲公司在销售时确认的应收账款的金额。

（2）如果乙公司在 10 天内付款，计算甲公司应收账款的金额。

（3）如果乙公司在 10 天后付款，计算甲公司应收账款的金额。

五、业务题［第（1）小题9分，第（2）小题20分，共29分］

永泰公司采用余额百分比法核算坏账准备，估计应收账款的损失率为 2%，2009 年年末结账前，“应收账款”账户借方余额为 160 万元，“坏账准备”账户的贷方余额为 0.2 万元，“其他应收款”等应收款项账户余额为零。2010 年该公司发生以下相关业务：

（1）1 月 6 日，收回 C 公司所欠货款 23.4 万元，其中包含增值税 3.4 万元，C 公司于购货后第 9 天还款，永泰公司按约定的付款条件 2/10、1/20、*n*/30 给予现金折扣（假设计算现金折扣时不考虑增值税问题）。

（2）6 月 10 日，收回 2009 年度已核销的坏账 7.75 万元。

（3）9 月 15 日，因 B 公司已破产，永泰公司确认应收 B 公司货款 5.85 万元已无法收回，作损失处理。

（4）10 月 20 日，向 D 公司赊销商品，价款 15 万元，增值税 2.55 万元。付款条件为 2/10，1/20，*n*/30。

（5）12 月 31 日，计提坏账准备。

要求：（1）计算永泰公司 2009 年年末应计提的坏账准备额并编制分录。

（2）编制永泰公司 2010 年的有关分录并列示计算过程。

复习测试题（二）

（满分100分，考试时间100分钟）

一、单项选择题（每小题2分，共24分）

1. 企业计提的坏账准备，应记入的账户是（　　）。

A.“资产减值损失”　　B.“管理费用”

C.“营业外支出”　　D.“财务费用”

2. 某企业坏账损失采用备抵法，年末“应收账款”余额1 000 000元，“坏账准备”账户余额（贷）3 000元，规定坏账准备提取比例0.5%，年末应提坏账准备金为（　　）。

A. 补提1 000元　　B. 补提2 000元

C. 冲减1 000元　　D. 冲减2 000元

3. 某企业于1月15日销售一批产品，应收账款为11 700元，规定对方付款条件为“2/10，1/20，*n*/30”，购货单位已于2月10日付款，该企业实际收到的金额为（　　）元。

A. 11 466　　B. 11 583

C. 11 700　　D. 11 600

4. 备用金通过（　　）账户核算。

A.“其他应收款”　　B.“备用金”

C.“银行存款”　　D.“应收账款”

5. 带息票据每期计提利息时，借记“应收票据”账户，贷记（　　）账户。

A.“财务费用”　　B.“管理费用”

C.“销售费用”　　D.“其他业务收入”

6. 不单独设置“预付账款”账户的企业，对其预付给供货单位的货款，应记入（　　）。

A.“应收账款”账户的借方　　B.“应付账款”账户的借方

C.“应付账款”账户的贷方　　D.“其他应收款”账户的贷方

7. 在采用总价法确认应收账款入账金额的情况下，销售方应将其给予客户的现金折扣记入（　　）账户。

A.“管理费用”　　B.“销售费用”

C.“财务费用”　　D.“营业外支出”

8. 下列各项中，应记入“坏账准备”账户贷方的有（　　）。

A. 收回过去已确认并转销的坏账　　B. 确认坏账损失

C. 转销无法支付的应付账款　　D. 冲销多提的坏账准备

9. 10月5日，某公司将8月20日签发的、90天到期的商业汇票拿到银行办理贴现手续，则贴现日数是（　　）天。

A. 47　　B. 46

C. 45　　D. 44

10. 在以应收账款余额百分比法计提坏账准备的情况下，已确认的坏账又收回时，应借记（　　）账户，贷记“坏账准备”账户。

A.“应收账款”　　B.“银行存款”

C.“管理费用”　　D.“营业外收入”

11. 企业于2月28日将某股份公司于1月31日签发的带息应收票据向银行贴现，该票据面值为10 000元，年利率为10%，期限为6个月，贴现率为12%，该企业实际收到的贴现金额应为（　　）元。

A. 10 600　　B. 10 335

C. 10 000　　D. 9 975

12. 下列应收、暂付款项中，不通过“其他应收款”账户核算的是（　　）。

A. 应收保险公司的赔款　　B. 应收出租包装物的押金

C. 应向职工收取的各种垫付款项　　D. 应向购货方收取的代垫运杂费

二、多项选择题（每小题2分，共20分）

1. 企业在采用备抵法进行坏账准备核算时，估计坏账损失的方法有（　　）。

A. 销货百分比法　　B. 个别认定法

C. 应收款项余额百分比法　　D. 账龄分析法

E. 直接转销法

2. 企业的应收账款确认为坏账的条件有（　　）。

A. 债务人未能及时偿还欠款

B. 债务人死亡，以其遗产清偿后仍无法收回

C. 债务人破产，以其破产财产清偿后仍无法收回

D. 债务人逾期未履行其偿债义务超过3年，经查实确实无法收回

E. 债务单位撤销、资不抵债，确定不能收回

3. 坏账损失的核算方法有（　　）。

A. 直接转销法　　B. 间接法

C. 备抵法　　D. 成本法

E. 账龄分析法

4. 下列各项中，构成应收账款入账价值的有（　　）。

A. 确认商品销售收入时尚未收到的价款

B. 代购货方垫付的包装费

C. 代购货方垫付的运杂费

D. 销售货物发生的商业折扣

E. 增值税销项税额

5. 企业将带息应收票据贴现时，影响贴现利息计算的因素有（　　）。

A. 票据面值　　B. 票据期限

C. 票据贴现天数　　D. 贴现利率

E. 市场利率

6．按照企业会计制度规定，不应通过“应收票据”账户核算的票据有（　　）。

A．银行承兑汇票　　B．银行本票

C．商业承兑汇票　　D．银行支票

E．银行汇票

7．下列各项中，会引起期末应收账款账面价值发生变化的有（　　）。

A．收回应收账款　　B．收回已转销的坏账

C．计提坏账准备　　D．结转到期不能收回的应收票据

E．因销售发生应收账款

8．下列事项中，通过“其他应收款”账户核算的有（　　）。

A．应收的各种赔款、罚款　　B．应收的出租包装物租金

C．存出保证金　　D．企业代购货单位垫付包装费、运杂费

E．代垫职工的医疗费用

9．按现行会计制度规定，采用备抵法核算坏账损失的企业，不计提坏账准备的项目有（　　）。

A．其他应收款　　B．应收票据

C．预付账款　　D．应收账款

E．应付账款

10．关于“预付账款”账户，下列说法正确的有（　　）。

A．“预付账款”属于资产性质的账户

B．预付货款不多的企业，可以不单独设置“预付账款”账户，将预付的货款记入“应付账款”账户的借方

C．“预付账款”账户贷方余额反映的是应付供应单位的款项

D．“预付账款”账户核算企业因采购业务产生的往来款项

E．“预付账款”账户核算企业因销售业务产生的往来款项

三、判断题（每小题 1 分，共 13 分）

1．根据现行企业会计制度的规定，企业计提坏账准备的方法由企业自行决定，企业既可以采用直接转销法，也可以采用备抵法核算坏账损失。（　　）

2．在总价法下，应收账款的入账金额应包括商业折扣，但不包括现金折扣。（　　）

3．由于票据贴现时要支付银行贴现息，因此票据贴现净额一定小于票面金额。（　　）

4．不带息票据的到期值等于应收票据的面值。（　　）

5．应收账款的账面价值扣除已计提的坏账准备后的余额，称为应收账款的账面余额。（　　）

6．应收票据是指企业在采用商业承兑汇票结算方式下，因发生销售商品、材料等交易而发生的汇票。（　　）

7．贴现期是指从票据开出日到贴现日的天数。（　　）

8．按企业会计制度规定，企业销货并附有现金折扣条件的应收账款应按净价法核算。（　　）

9．将带追索权的票据向银行贴现时，应将“应收票据”转入“应收账款”。（　　）

10．现金折扣是债权人为鼓励债务人在规定期限内付款而向其提供的债务折扣。（　　）

11．企业应收的各种赔款、罚款、材料销售、备用金都应通过“其他应收款”账户核算。（　　）

12．“资产减值损失”账户属于资产类账户。（　　）

13．已确认为坏账的应收账款，意味着企业放弃了其追索权。（　　）

四、业务题［第 1 题每小题 3 分，计 18 分；第 2 题除第（4）小题 5 分，其余每小题 4 分，计 25 分，共 43 分］

1．请根据题目的要求，编制相关的会计分录。

（1）采购员李××预借差旅费 2 000 元，用现金支付。

（2）李××回来报销差旅费 1 500 元，余额交回财务科。

（3）公司持未到期的不带息商业汇票向银行申请贴现，票据面值 80 000，贴现利息 7 000 元，贴现得款划入存款户。

（4）企业租入包装物一批，以银行存款支付包装物押金 2 000 元。

（5）企业应收 A 公司的商业承兑汇票 30 000 元到期，对方因资金紧张无力支付。

（6）企业代职工垫付医疗费 5 000 元。

2．A 企业采用备抵法核算坏账损失，发生以下经济业务：

（1）向 B 客户销售产品一批，销价 20 000 元，给予 15%的商业折扣，增值税率为 17%。

（2）收回 B 客户款项 19 890 元。

（3）C 客户由于破产，所欠企业 5 000 元账款无法收回，确认为坏账。

（4）经追索，收回已确认为坏账的 C 客户欠款 5 000 元。

（5）按购货合同规定，预付供应商材料价款 30 000 元。

（6）支付购进材料款 40 000 元，增值税额 6 800 元，共计 46 800 元，已预付 30 000 元［参看业务（5）］余款以银行存款支付，材料已验收入库。

要求：根据上述业务，编制会计分录。

第四章　存　　货

复习测试题（一）

（满分100，考试时间100分钟）

一、单项选择题（每小题 2 分，共 24 分）

1. 外购材料入库应填制（　　）。

A. 收料单　　B. 领料单

C. 库存商品入库单　　D. 退料单

2. 生产上经常需要并规定有消耗定额的各种材料，在领用时应填制（　　）。

A. 限额领料单　　B. 领料单

C. 领料登记簿　　D. 退料单

3. 某增值税一般纳税人企业买入材料 12 000 元，装卸费 1 000 元，保险费 200 元，入库后挑选整理费 400 元。该材料的采购成本为（　　）元。

A. 12 000　　B. 13 200

C. 13 600　　D. 12 400

4. 在出借包装物采用一次摊销法的情况下，出借包装物报废时收回的残料价值应冲减的是（　　）。

A. 原材料　　B. 其他业务成本

C. 包装物成本　　D. 销售费用

5. 在实际成本计价法下，物价基本稳定，存货收发业务不多的企业宜采用（　　）计价。

A. 先进先出法　　B. 个别计价法

C. 加权平均法　　D. 移动加权平均法

6. 某企业采用计划成本法核算，购进 A 材料 1 000 千克，买价 10 000 元，增值税 1 700 元，运输途中合理损耗 10 千克，A 材料的计划单位成本 11 元，此次采购 A 材料产生的材料成本差异额为（　　）。

A. 借差 1 000 元　　B. 贷差 1 000 元

C. 借差 890 元　　D. 贷差 890 元

7. 不属于企业存货的是（　　）。

A. 在途物资　　B. 原材料

C. 工程物资　　D. 发出展览的产品

8. 存货成本计价方法主要是确定（　　）的实际成本及期末存货价值的处理方法。

A. 购入存货　　B. 发出存货

C. 接受投资存货　　D. 销售存货

9. 某企业将收取出租包装物的押金 200 元存入银行，则贷方账户是（　　）。

A. “其他应收款”　　B. “其他应付款”

C. “其他业务收入”　　D. “主营业务收入”

10. “委托加工物资”的借方余额反映（　　）。

A. 库存结存的委托加工物资成本　　B. 拨付加工物资的实际成本

C. 完工入库的委托加工物资的成本　　D. 尚未完工的委托加工物资的实际成本

11. 在计划成本计价法下，外购物资收料后发现物资短缺与损耗时，应做的账务处理为（　　）。

A. 借：材料采购

　　贷：待处理财产损溢——待处理流动资产损溢

B. 借：待处理财产损溢——待处理流动资产损溢

　　贷：材料采购

C. 借：原材料

　　贷：待处理财产损溢——待处理流动资产损溢

D. 借：待处理财产损溢——待处理流动资产损溢

　　贷：原材料

12. 某工业企业为增值税小规模纳税人，2015 年从某市工厂购入材料一批，取得的增值税专用发票上注明的价款为 10 万元，增值税额为 1.7 万元。入库前的挑选整理费为 0.1 万元，材料已验收入库，则该企业取得该材料的入账价值为（　　）万元。

A. 10　　B. 10.1

C. 11.7　　D. 11.8

二、多项选择题（每小题 2 分，共 20 分）

1. 原材料是指企业在生产过程中经加工改变其形态或性质并构成产品实体的各种（　　）。

A. 原料及主要材料　　B. 燃料

C. 修理用备件　　D. 低值易耗品

E. 外购半成品

2. 属于周转材料的存货有（　　）。

A. 委托加工物资　　B. 包装物

C. 低值易耗品　　D. 委托代销商品

E. 原材料

3. 材料按计划成本价核算，应设置的账户有（　　）。

A. 原材料　　B. 在途物资

C. 材料采购　　D. 材料成本差异

E. 包装物

4. 应通过“材料成本差异”账户贷方核算的项目有（　　）。

A. 入库材料产生的超支额　　B. 入库材料的计划成本

C. 发出材料应负担的节约差异　　D. 发出材料应负担的超支差异

E. 入库材料的节约差异

5．判断一项资产是否属于企业存货的标准是（　　）。

A．目的或用途　　B．存放地点
C．所有权　　D．加工地点
E．采购方式

6．属于库存商品的有（　　）。

A．自制产成品　　B．代制品
C．可以降价出售的不合格品　　D．外购商品
E．发出展览的商品

7．存货成本包括（　　）3 个组成部分。

A．采购成本　　B．买价
C．其他成本　　D．采购费用
E．加工成本

8．存货按其存放地点不同，可分为（　　）。

A．原材料　　B．在途存货
C．库存存货　　D．委托加工存货
E．库存商品

9．甲企业存货按计划成本计价法核算，自行加工完工 A 材料一批，则可能的账务处理有（　　）。

A．借：原材料——A 材料
　　贷：生产成本
　　　　材料成本差异

B．借：原材料——A 材料
　　　　材料成本差异
　　贷：生产成本

C．借：原材料——A 材料
　　贷：生产成本

D．借：生产成本
　　贷：原材料——A 材料

E．借：库存商品
　　贷：生产成本

10．不属于企业存货的有（　　）。

A．库存现金　　B．在途物资
C．材料采购　　D．委托加工物资
E．银行存款

三、判断题（每小题 1 分，共 13 分）

1．存货的成本就是存货的采购成本。（　　）

2．采购物资发生的运杂费可以直接计入采购材料物资的成本。（　　）

3．在购买原材料时，如果期末原材料已到达且已验收入库，但发票账单未到，则企业可以先不进行会计处理，等到下月发票账单到达以后再进行会计处理。（　　）

4．存货的确认应以其存放地点为依据，凡存放在仓库的物资均属于企业的存货。（　　）

5．先进先出法在物价下降时会使发出材料的成本接近现实的成本水平。（　　）

6．发出材料应负担的材料成本差异，不论是超支差异还是节约差异，均应列入“材料成本差异”账户借方。（　　）

7．采购物资成本包括买价和采购费用。（　　）

8．委托加工物资就是委托加工的原材料。（　　）

9．存货在财产清查中对于自然灾害造成的净损失应计入当期营业外支出。（　　）

10．按计划成本计价法核算，“原材料”账户的借方登记原材料的实际成本、贷方登记原材料的计划成本。（　　）

11．销售商品时出租包装物的成本计入销售费用。（　　）

12．铁丝不属于企业的存货。（　　）

13．结转完工产品成本应贷记“库存商品”。（　　）

四、计算题（每小题 1 分，共 4 分）

某增值税一般纳税人企业材料采用计划成本核算，月初“材料成本差异”账户余额为借方 4 000 元，“原材料”的期初余额为 300 000 元，本月发生下列有关业务：

（1）购入原材料 1 000 千克，买价每千克 100 元，运杂费 2 000 元，增值税金 17 000 元。

（2）本月发出原材料 900 千克，用于生产产品。该企业原材料计划单价每千克 110 元。

要求：（1）计算原材料的材料成本差异率。

（2）发出原材料材料成本差异率。

（3）发出原材料应承担的差异额。

（4）计算发出材料的实际成本。

五、业务题（每小题 3 分，共 39 分）

编制下列经济业务的会计分录。

1．某增值税一般纳税人企业购入 A 原材料，增值税发票上注明价款 200 000 元，增值税额 34 000 元，运杂费 6 000 元，消费税 300 元，款项用存款支付，该批材料的计划成本 205 000 元，材料尚未入库。

2．管理部门领用工具一批，实际成本 600 元，成本采用一次摊销。

3．销售产品时领用单独计价的包装箱 20 个，每个成本 100 元。

4．上月采购的 A 材料到达验收入库数量 4 000 千克，计划单价 20 元，该材料超支差异为 500 元。

5．企业用现金支票支付，前欠弘扬公司货款 40 000 元。

6．企业发出材料委托大同工厂加工为工具，发出材料的计划成本为 50 000 元，材料成本差异为-1%。

7．车间领用工具一批，成本 20 000 元，采用五五摊销法，编制领用时的分录。

8．出租包装物 20 件，收取租金 500 元存入银行。

9．自制甲产品领用原材料 5 000 元，现该产品生产完毕已验收入库。

10．外购甲材料 1 000 千克，买价 60 000 元，运杂费 500 元，款项用支票支付，材料入库时发现损耗 20 千克（该损耗为途中合理损耗），材料计划单位成本为 59 元，编制入库时的会计分录。

11．从外地购进 B 材料 100 千克，收到银行转来结算凭证及发票运单，结算金额总计 59 200 元，其中买价 50 000 元，增值税 8 500 元，运杂费 700 元，审核后用银行存款支付，但材料尚未运到（实际成本法核算）。

12．本月 20 日，从外地购入 B 材料 800 千克，材料计划单价为 200 元，材料已验收入库，但发票账单等单据尚未收到，货款未付。

13．月初甲产品 200 件，单位实际成本为 300 元，本月共完工入库甲产品 12 500 件，单位成本 305 元。本月销售甲产品 10 000 件，销售价格 450 元。要求：采用先进先出法编制结转已销甲产品成本的会计分录。

复习测试题（二）

（满分100分，考试时间100分钟）

一、单项选择题（每小题 2 分，共 24 分）

1．在采用计划成本计价核算的情况下，材料实际成本应记入（　　）账户的借方。

A．“原材料”　　B．“材料采购”

C．“在途物资”　　D．“预付账款”

2．随同产品出售并单独计价的包装物，在销售实现后其成本应借记（　　）账户。

A．“销售费用”　　B．“管理费用”

C．“其他业务成本”　　D．“营业外支出”

3．在外购材料业务中，（　　）的情况产生了在途物资。

A．货款付清，同时收料　　B．付款在前，收料在后

C．收料在前，付款在后　　D．根据合同规定，预付账款

4．某工业企业采用计划成本计价法进行原材料的核算。2016 年 6 月初结存原材料的计划成本为 100 000 元，本月收入原材料的计划成本为 200 000 元，本月发出原材料的计划成本为 160 000 元，原材料成本差异的月初数为 2 000 元（超支），本月收入材料成本差异为 4 000 元（超支）。本月结存材料的实际成本为（　　）元。

A．163 200　　B．142 800

C．161 600　　D．137 200

5．企业进行材料清查盘点中盘盈的材料，在报经批准后应该（　　）。

A．冲减管理费用　　B．增加管理费用

C．计入其他应收款　　D．计入营业外支出

6．属于累计原始凭证的是（　　）。

A．领料单　　B．收料单

C．限额领料单　　D．交库单

7．生产领用包装物应计入（　　）。

A．主营业务收入　　B．其他业务收入

C．制造费用　　D．生产成本

8．限额领料单适用于（　　）。

A．经常领用的材料　　B．不经常领用的材料

C．经常领用并有消耗定额的材料　　D．没有消耗定额的材料

9．应计入一般纳税人外购存货入账价值的是（　　）。

A．入库后的挑选整理费　　B．采购人员差旅费

C．支付的增值税　　D．运输途中的合理损耗

10．企业发生的原材料盘亏损失中，不应作为“管理费用”列支的是（　　）。

A．自然灾害造成的盘亏净损失　　B．保管过程中发生的定额内自然损耗

C．收发计量造成的盘亏损失　　D．管理不善造成的盘亏损失

11．材料若按实际成本法核算，购进材料时不可能运用到的账户是（　　）。

A．“原材料”　　B．“在途物资”

C．“材料采购”　　D．“应交税费”

12．企业领用低值易耗品数量不多，金额不大，可采用（　　）摊销成本。

A．一次摊销法　　B．五五摊销法

C．分次摊销法　　D．个别计价法

二、多项选择题（每小题 2 分，共 20 分）

1．应计入委托加工物资实际成本的有（　　）。

A．差旅费　　B．发出加工材料的实际成本

C．发出加工物资的运杂费　　D．加工费

E．收回加工物资的运杂费

2．在“周转材料”账户中核算的存货有（　　）。

A．生产过程中领用的包装物

B．包装材料，如纸张、铁丝等

C．随同产品出售，不单独计价的包装物

D．随同产品出售，单独计价的包装物

E．管理部门领用的器具

3．企业进行存货清查时，对于盘亏的存货，要先计入待处理财产损溢，经过批准后根据不同的原因可以分别计入（　　）。

A．管理费用　　B．其他应收款

C．营业外支出　　D．其他应付款

E．财务费用

4．应计入其他业务成本的有（　　）。

A．销售环节领用单独计价的包装物的成本

B．出借的包装物的成本

C．销售环节领用不单独计价的包装物的成本

D．出租的包装物的成本

E．生产领用包装物的成本

5．存货的确认是以法定产权的取得为标志的，具体来说属于企业存货的有（　　）。

A．已经购入但尚未运达本企业的货物

B．已经售出但尚未运离本企业的货物

C．已经运离本企业但尚未售出的货物

D. 未购入但存放在企业的货物

E. 已经购入并已验收入库的货物

6. 存货按实际成本计价时，发出存货的计价方法有（　　）。

A. 先进先出法　　B. 加权平均法

C. 个别计价法　　D. 平均年限法

E. 工作量法

7. 用加权平均法计算发出存货成本时，与加权平均单价有关的因素包括（　　）。

A. 期初存货结存余额　　B. 本期发出存货金额

C. 本期收入存货金额　　D. 本期收入存货数量

E. 期初存货结存数量

8. 在实际成本计价法下核算，一般纳税人外购材料可能发生的经济业务有（　　）。

A. 借：原材料
　　　应交税费——应交增值税（进项税额）
　　　贷：银行存款

B. 借：原材料
　　　应交税费——应交增值税（进项税额）
　　　贷：应付账款

C. 借：在途物资
　　　应交税费——应交增值税（进项税额）
　　　贷：应付票据

D. 借：在途物资
　　　应交税费——应交增值税（进项税额）
　　　贷：其他货币资金

E. 借：原材料
　　　贷：在途物资

9. 企业向外单位购入存货时，涉及的主要的原始凭证包括（　　）。

A. 从供应单位取得的发票　　B. 从运输单位取得的运输单据

C. 收料单　　D. 领料单

E. 汇总结算凭证

10. 按其经济内容分类，存货包括（　　）。

A. 原材料　　B. 半成品

C. 库存存货　　D. 商品

E. 周转材料

三、判断题（每小题 1 分，共 13 分）

1. 存货是企业的一项非流动资产。（　　）

2. 存货按实际成本计价法核算是指每种存货的收发结存，都按购买时的实际单位成本计算。（　　）

3. 存货按计划成本计价法核算是指每种存货的收发结存，都按预先确定的计划成本计价。（　　）

4. 存货清查的目的，只是进行总账和明细账的核对，做到账账相符。（　　）

5. 加权平均法是在期末一次计算本期存货的加权平均单价，作为本期发出存货和期末结存存货的价格。（　　）

6. 盘亏的存货，经批准后，一律冲减营业外支出。（　　）

7. 按个别计价法计算发出存货的成本，成本计算准确，符合实际情况，因此适合各种企业。（　　）

8. 材料成本差异明细账应按类别或品种进行明细核算。（　　）

9. 为了反映包装物的详细情况，需要单独设置“周转材料——包装物（在用）”“周转材料——包装物（在库）”“周转材料——包装物（摊销）”明细账户。（　　）

10. 盘盈的存货，经批准后可增加管理费用。（　　）

11. 在产品属于企业的存货，因此可以用于出售。（　　）

12. 委托加工物资完工收回时，一律计入库存商品。（　　）

13. 五五摊销法也称五成法，核算的工作量比较大，因此适合于各月领用和报废比较均衡，各月摊销额不多的低值易耗品或包装物。（　　）

四、计算题（共 4 分）

甲公司 2016 年 4 月 1 日 A 材料结存 200 千克，每千克 10 元，本月发生如下业务：

（1）5 日购入 A 材料 300 千克，每千克 11 元，已入库。

（2）8 日买入 A 材料 50 千克，每千克 12 元，已验收入库。

（3）12 日发出 A 材料 300 千克。

（4）15 日购入 A 材料 60 千克，单价 15 元，已验收入库。

（5）25 日发出 A 材料 60 千克。

（6）28 日买入 A 材料 100 千克，每千克 13 元，已验收入库。

要求：用先进先出法计算全月发出 A 材料及期末结存 A 材料的实际成本。

五、业务题（每小题 3 分，共 39 分）

编制下列经济业务的会计分录。

1．某企业用转账支票支付委托加工的香烟需交纳的消费税 900 元，收回香烟直接用于销售。

2．用银行汇票购入 B 材料，增值税发票上注明：买价 4 000 元，增值税额 680 元，另发生运杂费 100 元。该材料已验收入库。（按实际成本法核算）

3．出借包装箱 300 只，每只成本 50 元，收押金 3 000 元，已存入银行，编制收取押金的会计分录。

4．企业本月发出 B 原料 50 000 元，其中生产甲产品领用 44 000 元，车间领用 1 000 元，管理部门领用 2 000 元，销售部门领用 3 000 元，材料成本差异率 1%。

5．企业从弘扬公司购入 A 材料 100 件，单价 50 元，增值税发票上注明：价款 5 000 元，增值税 850 元，材料尚未入库，前已预付弘扬公司货款 60 000 元。采用计划成本法核算，计划单价为 98 元。

6．月末，企业外购 B 材料已验收入库，货款结算凭证未收到，该批材料的合同价为 25 000 元。

7．汇总结转发出 B 原材料的成本。企业本月仓库发原材料的实际成本 600 000 元，其中，生产甲产品耗用 350 000 元，生产乙产品耗用 235 000 元，生产车间一般耗用 5 000 元，该企业管理部门耗用 2 000 元，在建工程耗用 8 000 元。

8．从外地采购甲材料 6 000 千克，增值税专用发票上注明：单价 130 元，价款 780 000 元，增值税 132 600 元。销货方代垫运杂费 1 000 元，材料尚未运到。根据货款，增值税及代垫运杂费的金额，签发为期两个月的商业承兑汇票一张。（按实际成本法核算）

9．企业在财产清查中发现材料盘亏 300 元是由于管理不善造成的，由保管人员章三赔偿。

10．出借包装物报废时，取得残值收入 1 200 元，存入银行。

11．企业在存货清查中，发现A材料毁损100千克，其实际成本为6元，计600元，收回残料价值100元，其余经批准为一般经营损失处理。编制审批后的会计分录。

12．企业用银行存款支付委托加工A材料加工费，增值税专用发票上注明：加工费5 000元，增值税850元。

13．企业从弘扬公司购买B材料一批，价款10 000元，款项已转账支付，运达企业后发现短缺3 000元B材料。经查明原因，弘扬公司少发货2 500元，由于运输公司责任短缺500元。编制所短缺的B材料在审批后的会计分录。

复习测试题（三）

（满分100分，考试时间100分钟）

一、单项选择题（每小题2分，共24分）

1. 企业在材料收入核算中，需在月末暂估入账并于下月初红字冲回的是（　　）。
   A. 月末购货发票账单已到，货款已付且材料已验收入库
   B. 月末购货发票账单已到，货款未付但材料已验收入库
   C. 月末购货发票账单已到，货款已付但材料尚未入库
   D. 月末购货发票账单未到，但材料已验收入库

2. 某企业月初库存材料 1 000 吨，每吨为 100 元，月中又购进 3 批，第 1 次 2 000 吨，每吨 110 元；第 2 次 3 000 吨，每吨 120 元；第 3 次 4 000 吨，每吨 100 元，则月末该材料的加权平均单价为（　　）元。
   A. 110　　B. 120
   C. 108　　D. 111.47

3. 在采用一次摊销法的情况下，企业将车间领用低值易耗品报废残料入库时，应贷记（　　）账户。
   A.“原材料”　　B.“周转材料”
   C.“制造费用”　　D.“销售费用”

4. 企业出租包装物收到的租金收入属于（　　）。
   A. 其他业务收入　　B. 主营业务收入
   C. 营业外收入　　D. 投资收益

5. 车间领用包装物报废时，收回的残料价值应冲减当期的（　　）。
   A. 生产成本　　B. 其他业务成本
   C. 制造费用　　D. 管理费用

6. 某企业为小规模纳税人，购入材料一批，买价 20 000 元，增值税 3 400 元。供货方代垫运杂费 800 元。验收入库时发现途中合理损耗 200 元。入库后发生整理费 800 元。则该批材料的采购成本为（　　）元。
   A. 20 965　　B. 21 000
   C. 24 200　　D. 21 565

7. 接受投资的存货按（　　）入账。
   A. 存货原价　　B. 协议约定价
   C. 协议价+增值税　　D. 原价+增值税

8. 某企业买入的一件管理用具，买价 2 400 元，预计可以使用 14 个月，该管理用具应计入（　　）。
   A. 周转材料　　B. 固定资产
   C. 原材料　　D. 库存商品

9. 不列入包装物核算的是（　　）。
   A. 随同产品出售不单独计价的包装物
   B. 销售产品时出借的包装物
   C. 产品生产领用的包装物
   D. 仓库储存、保管产品的包装物

10. 企业支付委托加工 M 材料的运杂费应记入（　　）借方。
   A.“周转材料”　　B.“委托加工物资”
   C.“原材料”　　D.“库存商品”

11. 存货采用先进先出法计算发出存货的成本是指（　　）。
   A. 每次发出存货时，按照先购入存货的单价计算发出存货的实际成本
   B. 每次发出存货时，按照先购入存货的计划单价计算发出存货的实际成本
   C. 每次发出存货时，按照购入存货的价格优先计算发出存货的实际成本
   D. 每次发出存货时，按照购入存货的价格优先计算发出存货的计划成本

12. 一般纳税人企业支付给受托加工方的加工费的增值税应记入（　　）账户借方。
   A.“委托加工物资”　　B.“应交税费——应交增值税（进项税额）”
   C.“原材料”　　D.“库存商品”

二、多项选择题（每小题2分，共20分）

1. 在会计实务中，构成企业存货的实际成本的项目有（　　）。
   A. 支付的买价
   B. 入库前的挑选整理
   C. 运输途中的合理损耗
   D. 一般纳税人购进货物时取得增值税发票上注明的税金
   E. 小规模纳税人购进货物时取得增值税发票上注明的税金

2. 在计划成本法下，存货明细分类的核算应设置的项目有（　　）。
   A. 原材料明细账　　B. 材料成本差异明细账
   C. 在途物资明细账　　D. 材料采购明细账
   E. 工程物资明细账

3.“材料成本差异”账户借方可以用来反映（　　）。
   A. 购进材料实际成本小于计划成本的差异
   B. 购进材料实际成本大于计划成本的差异
   C. 发出材料应负担的超支差异
   D. 发出材料应负担的节约差异
   E. 期初结存材料的超支差异

4. 对一次领用的低值易耗品数量较大，金额较高，可采用（　　）处理。
   A. 分次摊销法　　B. 净值摊销法

C．先进先出法　　　　　　　　　D．五五摊销法

E．一次转销法

5．包装物不包括（　　）。

A．各种一次性包装材料

B．用于储存保管商品而不对外出售的包装容器

C．用于储存保管材料而不对外出售的包装容器

D．自制包装物以销售为目的的

E．用于销售商品时出租的包装容器

6．采用先进先出法计算发出材料成本，每次购入存货时都应按时间先后顺序逐笔登记（　　）。

A．数量　　　　　　　　　B．金额

C．单位　　　　　　　　　D．凭证号

E．单价

7．领用包装物，可能借记的账户有（　　）。

A．“生产成本”　　　　　　　B．“制造费用”

C．“销售费用”　　　　　　　D．“其他业务成本”

E．“主营业务成本”

8．材料按实际成本计价法核算，应设置的账户有（　　）。

A．“原材料”　　　　　　　B．“制造费用”

C．“在途物资”　　　　　　D．“材料成本差异”

E．“材料采购”

9．下列账户中，属于企业存货的有（　　）。

A．原材料　　　　　　　　B．包装物

C．在途物资　　　　　　　D．库存商品

E．材料采购

10．“委托加工物资”账户的借方可能用来登记的项目有（　　）。

A．发出加工物资的实际成本

B．支付的加工费

C．支付的往返运费

D．委托加工应税消费品加工后直接用于销售，而支付给受托方代收代缴的消费税

E．委托加工应税消费品加工后继续加工，而支付给受托方代收代缴的消费税

三、判断题（每小题 1 分，共 13 分）

1．存货的成本包括采购成本、加工成本和其他成本 3 个组成部分。接受投资者投入的存货成本属于存货的加工成本。（　　）

2．“在途物资”账户是材料按计划成本计价核算时设置的，用以反映材料采购的实际成本。（　　）

3．存货清查中对于自然灾害造成的损失，扣除残料价值和赔付款后净损失应计入当期营业外支出。（　　）

4．“材料成本差异”账户借方登记的是发出材料实际成本与计划成本的超支差额。（　　）

5．采购材料过程中发生的非合理损耗应计入材料的采购成本。（　　）

6．企业生产用于出售的包装袋属于包装物。（　　）

7．甲公司自制加工 A 材料入库，其会计分录为借记“原材料”账户，贷记“生产成本”账户。（　　）

8．车间领用包装物应贷记“包装物”账户。（　　）

9．小规模纳税人购进材料产生的进口关税计入材料采购成本。（　　）

10．限额领料单是一次原始凭证。（　　）

11．加权平均法无法随时了解存货资金的占用情况。（　　）

12．存放在门市部准备出售的商品不是企业的存货。（　　）

13．委托加工企业向受托方支付的增值税计入委托加工物资的成本。（　　）

四、计算题［第（1）小题 3 分，第（2）（3）小题各 7 分，共 17 分］

某企业材料成本差异明细账如下：

年		摘要	本月收入			差异分配率	本月发出			月末结存		
			计划成本	成本差异			计划成本	成本差异		计划成本	成本差异	
月	日			超支	节约			超支	节约		超支	节约
3	1	期初余额								300	20	
3	2	购入材料	500	30								
3	8	购入材料	900		50							
3	10	发出材料					600					
3	18	购入材料	850		60							
3	31	发出材料					1 300					
合计			?	?	?							

要求：（1）请在表中“？”处填上相应数据。

（2）根据上述资料计算材料成本差异率。

（3）分别计算本月发出材料和结存材料的实际成本。

五、业务题（每小题2分，共26分）

根据下列经济业务编制会计分录。

1．从丙公司购入A材料1 200千克，单价18元，总价款21 600元，增值税3 672元，材料尚未运到，用信用卡支付。

2．车间领用A材料600元，用于车间一般耗用。

3．月初冲销上月末暂估入账A材料23 000元。

4．车间领用包装袋300个，单位成本为30元。

5．从弘扬公司采购乙材料6 000千克，增值税专用发票上注明：单价100元，价款600 000元，增值税102 000元。为销售方代垫运杂费1 000元，材料已入库，款项均用银行存款支付。（按实际成本法核算）

6．用银行存款退回出租包装物押金6 000元。

7．某企业在财产清查中发现由于管理不善，B材料被盗，实际成本3 000元，购买时增值税为425元，由管理员赔偿1 000元，其余做非常损失处理。

8．某企业收回委托加工甲产品用转账支票支付运杂费4 000元。

9．某企业购买A材料3 000千克，单价20元，材料验收入库，运输途中的合理损耗200元，入库前的挑选整理费300元，增值税发票上注明：价款60 000元，增值税额10 200元，发生运杂费500元，款项均用银行存款支付。（按实际成本法核算）

10．从弘扬公司购入B材料一批，增值税发票上注明：价款4 000元，增值税680元，款项未支付，材料未到达，采用计划成本法核算。

11．结转生产乙产品发出A材料的材料成本差异，为节约差异500元。

12．结转已销售A材料成本5 800元。

13．企业用转账支票支付由受托加工方代缴的消费税700元，该加工产品收回后用于继续加工。

第五章　固 定 资 产

复习测试题（一）

（满分100分，考试时间100分钟）

一、单项选择题（每小题 2 分，共 24 分）

1. 企业建造办公大楼领用生产用原材料时，相关的增值税应借记（　　）。

A.“管理费用”　　B.“生存成本”

C.“在建工程”　　D.“固定资产”

2. 某企业购入旧设备一台，实际支付价款 8 000 元，支付运杂费 500 元，安装费 1 000 元。则该设备入账价值为（　　）元。

A. 10 000　　B. 11 500

C. 10 600　　D. 9 500

3. 下列固定资产中，应计提折旧的是（　　）。

A. 未提足折旧但提前报废的房屋　　B. 已提足折旧但继续使用的生产线

C. 经营租入的机器　　D. 季节性停用的厂房

4. 某企业 2014 年 12 月 26 日购入一台不需要安装的设备，已交付生产使用，原价 70 000 元，预计使用 15 年，预计净残值 2 000 元。如按年数总和法计算提取折旧，第 3 年的折旧额约为（　　）元。

A. 1 700　　B. 7 367

C. 5 000　　D. 7 583

5. 某企业购进设备一台，该设备的入账价值为 200 万元，预计净残值率 5%，预计使用年限为 12 年。在采用双倍余额递减法计提折旧的情况下，该设备第 2 年应提折旧额约为（　　）万元。

A. 33. 33　　B. 27.78

C. 23.15　　D. 24

6. 某企业 2016 年 11 月 1 日购入一项固定资产。该固定资产原价为 498 万元，预计使用年限为 5 年，预计净残值为 6 万元，按双倍余额递减法计提折旧。该固定资产 2017 年应计提的折旧额是（　　）万元。

A. 98.6　　B. 192.56

C. 119.52　　D. 185.92

7. 因自然灾害造成设备毁损，其账面原价值 30 万元，已提折旧 8 万元，支付清理费 1 万元，保险公司赔款 3 万元，设备残值变价收入 2 万元。则计入当期损益的金额为（　　）万元。

A. 20　　B. -20

C. 4　　D. 18

8. 某企业购入一台需要安装的产品生产线（动产），取得的增值税专用发票上注明：设备买价为 50 000 元，增值税额为 8 500 元，支付的运输费为 2 500 元。设备安装时领用原材料价值 1 000 元，购进该材料的增值税为 170 元，设备安装时工资 2 000 元，该生产线安装完工转入固定资产的成本为（　　）元。

A. 55 500　　B. 61 000

C. 6 400　　D. 62 170

9. 某企业对原价为 100 万元，累计折旧为 60 万元的某项固定资产进行清理。清理时发生清理费用 5 万元，清理收入 80 万元，该固定资产的清理净收入为（　　）万元。

A. 31　　B. 35

C. 41　　D. 45

10. 企业的固定资产在盘亏时，应先转入（　　）账户核算。

A.“在建工程”　　B.“固定资产清理”

C.“待处理财产损溢”　　D.“管理费用”

11. 某企业 2017 年 6 月 28 日自行建造一条生产线投入使用，该生产线建造成本为 370 万元，预计使用年限为 5 年，预计净残值为 10 万元，在采用年数总和法下，第 1 年应计提折旧（　　）万元。

A. 120　　B. 70

C. 108　　D. 74

12. 购入需要安装的固定资产（经营用动产）的增值税进项税额计入（　　）。

A. 固定资产　　B. 营业外支出

C. 在建工程　　D. 应交税费

二、多项选择题（每小题 2 分，共 20 分）

1. 固定资产是指同时具有以下特征的有形资产：为（　　）而持有的，且使用寿命超过 1 年。

A. 生产商品　　B. 提供劳务

C. 出租　　D. 出售

E. 经营管理

2. 固定资产按经济用途分为（　　）。

A. 生产经营用固定资产

B. 办公用固定资产

C. 直接服务于生产经营活动过程的固定资产

D. 间接服务于生产经营活动过程的固定资产

E. 自用固定资产

3. 固定资产按使用情况分为（　　）。

A. 使用中的固定资产　　B. 未使用的固定资产

C. 不需用的固定资产　　D. 租入的固定资产

E. 租出的固定资产

4. 固定资产按产权关系分为（　　）。

A. 融资租出的固定资产　　B. 融资租入的固定资产

C. 经营租入的固定资产　　D. 经营租出的固定资产

E. 自有固定资产

5. 固定资产的取得成本包括（　　）。

A. 直接发生的价款　　B. 购入时发生的运杂费和包装费

C. 安装成本　　D. 应承担的借款利息

E. 允许抵扣的进项税额

6. 在建工程按其实施的方式不同可分为（　　）。

A. 自营工程　　B. 基建工程

C. 出包工程　　D. 大修理工程

E. 技术改造工程

7. 影响固定资产折旧的因素有（　　）。

A. 固定资产的净残值　　B. 固定资产的减值准备

C. 固定资产的使用寿命　　D. 固定资产的原值

E. 固定资产的折旧方法

8. 固定资产的折旧方法有（　　）。

A. 工作量法　　B. 平均年限法

C. 年数总和法　　D. 双倍余额递减法

E. 无限折旧法

9. 属于加速折旧方法的是（　　）。

A. 工作量法　　B. 直线法

C. 年数总和法　　D. 双倍余额递减法

E. 平均年限法

10. 下列处置在“固定资产清理”账户下核算的有（　　）。

A. 固定资产盘盈　　B. 固定资产报废

C. 固定资产毁损　　D. 固定资产出售

E. 固定资产对外投资

三、判断题（每小题 1 分，共 13 分）

1. 融资租入的固定资产所有权不属于企业，所以不需要对其计提折旧。（　　）
2. 预付出包工程款应计入预付账款。（　　）
3. 固定资产计提折旧，只需考虑有形损耗即可。（　　）
4. 房屋建筑物类已达到预定可使用状态，无论是否交付使用，均应计提折旧。（　　）
5. 对于经营租出的固定资产计提的折旧应计入销售费用。（　　）
6. 所有固定资产的减少都要通过“固定资产清理”账户核算。（　　）
7. 固定资产后续支出包括资本化支出和费用化支出。（　　）
8. 工作量法的最大特点是每月计提的折旧额相等。（　　）
9. 当月增加的固定资产就应该在当月开始计提折旧。（　　）
10. “固定资产清理”账户期末应无余额。（　　）
11. 计提固定资产折旧时，借方记入“累计折旧”，贷方记入“固定资产”。（　　）
12. 固定资产最基本的特点是有实物形态。（　　）
13. 按规定，企业 2009 年之后购入的经营用动产，取得时支付的增值税是允许抵扣的。（　　）

四、计算题（第 1 题 3 分，第 2 题 4 分，共 7 分）

1. 大京工厂 2016 年 3 月初应计提的折旧额为 80 000 元，3 月 15 日新增一台设备 100 000 元，应计提折旧为 10 000 元；3 月报废一台机器价值 60 000 元，应计提的折旧额 500 元。除此外固定资产没有其他变动。

要求：计算大京工厂 3 月应计提的折旧额。

2. 大京工厂 2016 年 5 月交付使用一栋办公大楼，原值 1 200 000 元，预计使用 30 年，预计残值 200 000 元，预计清理费用 50 000 元。

要求：按平均年限法计算该办公大楼的年折旧率、年折旧额、预计净残值率，以及该栋办公大楼 2016 年 6 月应提取的折旧额。

五、业务题（每小题 4 分，共 36 分）

根据下列经济业务编制会计分录。

1. 某企业以银行存款购买不需要安装的设备一台，价款 80 000 元，支付增值税 13 600 元，另用存款支付包装费 200 元。

2．某企业用银行汇票购买一条生产线设备，买价 500 000 元，支付增值税 8 500 元，该设备由供货商负责安装。

3．用银行存款支付上述生产线设备的安装费 3 000 元。

4．上述生产线设备安装完毕，交付验收使用。

5．某企业自建一幢仓库，用商业汇票购入工程用设备 30 000 元，增值税 5 100 元；工程用材料 400 000 元，增值税 68 000 元。

6．某企业在基建工程中从仓库里领用原材料 5 000 元，该材料已抵扣增值税 850 元。

7．某企业在一项出包工程项目中用存款预付工程款 50 000 元。

8．某企业采用直线法折旧固定资产，2017 年 5 月固定资产折旧计算列示：车间 56 000 元，行政管理部门 3 000 元，经营租出部门 2 000 元。

9．盘盈机器一台，重置成本 7 500 元。

复习测试题（二）

（满分100分，考试时间100分钟）

一、单项选择题（每小题 2 分，共 24 分）

1. 某企业以前年度接受捐赠的全新设备一台，现以 6 万元的价格转让出售。该设备的原价为 70 万元，已提折旧 24 万元，转让时支付清理费用 4 万元。本期出售该设备影响当期损益的金额为（　　）万元。

A．12　　B．44
C．60　　D．18

2．与平均年限法相比，用年数总和法对固定资产计提折旧将使（　　）。

A．计提折旧初期企业利润减少，固定资产净值减少
B．计提折旧初期企业利润减少，固定资产原值减少
C．计提折旧后期企业利润减少，固定资产净值减少
D．计提折旧后期企业利润减少，固定资产原值减少

3．对于在筹建期间发生的固定资产清理净收益，其会计处理方法是（　　）。

A．冲减长期待摊费用　　B．冲减在建工程成本
C．冲减营业外支出　　D．计入营业外收入

4．某公司 2015 年 10 月初固定资产价值为 500 万，其中已提足折旧继续使用的厂房价值为 200 万元，当月购买设备一台，价值 25 万元，当即交付使用。当月报废汽车一辆，价值 30 万元，该公司 10 月份应计提的折旧额为（　　）万元。

A．500　　B．300
C．295　　D．495

5．下列处置固定资产的业务中，不通过“固定资产清理”账户进行核算的是（　　）。

A．盘亏　　B．毁损
C．出售　　D．报废

6．采用出包方式建造固定资产时，对于按合同规定预付的工程价款应借记（　　）。

A．“预付账款”　　B．“工程物资”
C．“在建工程”　　D．“固定资产”

7．下列固定资产中，当月不应计提折旧的是（　　）。

A．正处于季节性停用的设备　　B．上月增加的生产线
C．当月报废的机器设备　　D．上月已提足折旧的机器本月仍在使用

8．固定资产最基本的特点是（　　）。

A．为了直接出售
B．为了生产商品、提供劳务、出租或经营管理而持有
C．实物形态的不变形
D．使用寿命的有限性

9．凡不符合固定资产确认标准的劳动资料，应将其列为（　　）。

A．包装物　　B．低值易耗品
C．原材料　　D．工程物资

10．购入机器设备（动产）所支付的增值税，应（　　）。

A．计入进项税额予以抵扣　　B．计入固定资产成本
C．计入已交税金予以抵扣　　D．计入企业经营成本

11．购入需要安装的固定资产应先通过（　　）入账。

A．“固定资产”　　B．“在建工程”
C．“工程物资”　　D．“累计折旧”

12．对于资本化的固定资产后续支出应先计入（　　）。

A．管理费用　　B．工程物资
C．在建工程　　D．固定资产

二、多项选择题（每小题 2 分，共 20 分）

1．第 1 年折旧就需要考虑净残值的折旧方法包括（　　）。

A．工作量法　　B．直线法
C．年数总和法　　D．双倍余额递减法
E．平均年限法

2．购入非经营用固定资产的价值包括（　　）。

A．采购买价　　B．支付的增值税
C．运杂费和包装费　　D．安装费
E．进口关税

3．在购建时需要记入“在建工程”的有（　　）。

A．不需要安装的固定资产　　B．需要安装的固定资产
C．固定资产的改扩建　　D．费用化的后续支出
E．资本化的后续支出

4．间接服务于生产经营活动过程的固定资产有（　　）。

A．管理用具　　B．企业所属的招待所房屋
C．职工食堂的设备　　D．专设科研机构使用的房屋
E．企业所属的俱乐部

5．属于本企业使用中的固定资产的有（　　）。

A．因大修理而暂停使用的仓库　　B．经营租出的办公设备
C．存放在经营场所备用的机器　　D．经营租入的生产线设备
E．进入生产淡季而很少使用的车间

6．属于未使用的固定资产的有（　　）。

A．建造完工尚未交付使用的固定资产
B．购入后尚未安装的固定资产
C．正在改建的固定资产

D．正在扩建的固定资产

E．经批准停止使用的固定资产

7．属于企业自有固定资产的有（　　）。

A．购买的机器设备　　B．出包建造的厂房已交付使用

C．自营工程完工已交付使用　　D．经营租入的生产线设备

E．融资租入的大型设备

8．固定资产的取得方式包括（　　）。

A．非货币性交易取得　　B．融资租入

C．债务重组获得　　D．盘盈固定资产

E．自行建造或外购

9．除（　　）情况外，企业应对所有固定资产计提折旧。

A．已提足折旧仍继续使用的固定资产

B．以融资租赁方式租出的固定资产

C．以经营方式租入的固定资产

D．以融资租赁方式租入的固定资产

E．单独估计入账的土地

10．当月就应计提折旧的有（　　）。

A．当月增加的固定资产　　B．当月减少的固定资产

C．上月增加的固定资产　　D．上月减少的固定资产

E．未提足折旧但提前报废的固定资产

三、判断题（共13小题，每小题1分，共13分）

1．按规定，企业在2009年之后购入的非生产经营用固定资产，取得时支付的增值税是不允许抵扣的。（　　）

2．企业出售动产时，应与销售一般货物一样，计算并交纳增值税。（　　）

3．企业报废不动产时，应通过“待处理财产损益”账户核算。（　　）

4．企业用固定资产对外投资，应视同销售行为，计算并交纳增值税。（　　）

5．企业固定资产盘盈或盘亏都通过“待处理财产损溢”账户核算。（　　）

6．所有固定资产的减少都要通过“固定资产清理”账户核算。（　　）

7．固定资产发生的可予资本化的后续支出应计入固定资产成本。（　　）

8．固定资产的折旧方法可以根据经营情况适时变更。（　　）

9．固定资产的使用寿命的长短会直接影响到各期应提的折旧额的多少。（　　）

10．按现有政策规定，电子设备的折旧年限调整为3年。（　　）

11．综合折旧率有较大的误差，故一般不得使用。（　　）

12．固定资产的预计净残值就是预计残值。（　　）

13．双倍余额递减法不需要考虑净残值。（　　）

四、计算题（第1题3分，第2题4分，共7分）

1．某企业大型车辆一台，原值220 000元，预计净残值10 000元，预计工作总时数2 000小时，本月实际作业100小时。

要求：请写出合适的折旧方法，并计算本月该大型车辆应计提的折旧额。

2．2016年7月，长江工厂购入设备一台。该设备原值18 500元，预计使用3年，预计净残值为500元。

要求：采用年数总和法计算该设备各年的折旧额。

五、业务题（每小题4分，共36分）

根据下列经济业务编制会计分录。

1．某企业接受美美公司捐赠管理用电子设备一台，发票上注明：金额40 000元，增值税6 800元。企业另用现金支付调试费500元。

2．企业在固定资产清查中，盘亏投影机一台，该投影机原值为6 000元，已经计提折旧4 000元，原抵扣的增值税为1 020元。

3．企业将一台设备准备用于对外投资，其账面原值为 200 000 元，已计提折旧 80 000 元。该设备适用的增值税率是 17%，做确认投资成本的分录。

4．企业结转筹建期间处置的一项固定资产取得的净收益 4 000 元。

5．企业结转经营期间处置的某项固定资产产生的净损失 5 000 元。

6．企业建造一间厂房，领用水泥产品一批，成本价 60 000 元，销售价 98 000 元，增值税率为 17%。

7．公司出售固定资产（动产），取得出售收入 2 000 元，增值税 340 元，款项均存入银行。

8．企业决定对通风设备进行改良，原通风设备的账面原值为 120 000 元，已计提折旧 70 000 元。

9．企业 3 月对某项经营租出的固定资产计提折旧 600 元。

复习测试题（三）

（满分100分，考试时间100分钟）

一、单项选择题（每小题 2 分，共 24 分）

1. 接受投资的固定资产应按（　　）入账。

A. 固定资产原值　　B. 账面折余价值
C. 投资各方确认的价值　　D. 净值

2. 购入不需要安装的固定资产，其成本可直接计入（　　）。

A. 在建工程　　B. 管理费用
C. 工程物资　　D. 固定资产

3. 对现有生产用设备进行修理，修理过程中领用的原材料 10 000 元和支付维修人员工资 3 500 元，都应记入（　　）账户的借方。

A. “固定资产”　　B. “在建工程”
C. “管理费用”　　D. “制造费用”

4. 对固定资产计提折旧时，记入（　　）账户的贷方。

A. “累计折旧”　　B. “固定资产”
C. “管理费用”　　D. “销售费用”

5. 某企业 2016 年 5 月末应计提固定资产价值 10 500 万元。6 月份新增设备，入账价值为 750 万元，同时 6 月份减少了一台设备 150 万元，则 6 月份该企业应计提折旧的固定资产价值为（　　）万元。

A. 11 100　　B. 10 650
C. 10 500　　D. 10 350

6. 企业生产车间使用的固定资产发生的下列支出中，直接计入当期损益的是（　　）。

A. 购入时发生的安装费用　　B. 发生的装修费用
C. 购入时发生的运杂费　　D. 发生的修理费

7. 将自产、委托加工或购买的固定资产作为投资，应视同销售处理，那么，长期股权投资成本为（　　）。

A. 固定资产原值+销项税　　B. 固定资产的销售额（或净值）+销项税
C. 累计折旧+销项税　　D. 清理净损益+销售额

8. 双倍余额递减法的年折旧率等于（　　）。

A. $\frac{2}{\text{预计使用年限}}\times 100\%$　　B. $\frac{2}{\text{尚可使用年限}}\times 100\%$
C. $\frac{\text{预计使用年限}}{2}\times 100\%$　　D. $\frac{\text{尚可使用年限}}{2}\times 100\%$

9. 直线法折旧的最大特点是（　　）。

A. 每期计算的折旧额是不等的
B. 在坐标中表现为一条直线
C. 在坐标中表现为一条由下向上的直线
D. 在坐标中表现为一条由上向下的直线

10. 预计净残值等于（　　）。

A. 原值÷预计净残值率　　B. 原值-累计折旧
C. 预计残值-预计清理费用　　D. 预计残值+预计清理费用

11. “固定资产”账户借方、贷方和余额均反映的是固定资产的（　　）。

A. 原始价值　　B. 买价
C. 增加的原始价值　　D. 减少的原始价值

12.（　　）账户用来核算企业为基建工程、更新改造工程和大修理工程准备的各种物资成本。

A. “在建工程”　　B. “周转材料”
C. “工程物资”　　D. “原材料”

二、多项选择题（每小题 2 分，共 20 分）

1. 接受捐赠转让的固定资产可能涉及的账户有（　　）。

A. “固定资产”
B. “实收资本”
C. “应交税费——应交增值税（进项税额）”
D. “营业外收入”
E. “银行存款”

2. 计提折旧时，“累计折旧”对应账户可能是（　　）。

A. “销售费用”　　B. “制造费用”
C. “管理费用”　　D. “财务费用”
E. “其他业务成本”

3. “固定资产清理”账户借方登记的内容有（　　）。

A. 转入清理的固定资产净值　　B. 结转的清理净收益
C. 发生的清理费用　　D. 清理过程中的变价收入
E. 结转的清理净损失

4. 适合用工作量法折旧的有（　　）。

A. 龙门刨床　　B. 大型压力机
C. 厂房　　D. 采矿设备
E. 运输车辆

5. 在“固定资产清理”账户贷方登记的内容有（　　）。

A. 转入清理的固定资产净值　　B. 结转的清理净收益
C. 发生的清理费用　　D. 清理过程中的变价收入
E. 结转的清理净损失

6．不能通过“固定资产”账户核算的有（　　）。

A．购入需要安装的设备　　B．经营性租入的设备

C．购入不需要安装的设备　　D．融资租入不需要安装的设备

E．经营性租出的设备

7．购入不动产固定资产，其价值包含（　　）。

A．买价　　B．运杂费

C．支付的增值税　　D．安装成本

E．该项固定资产的后续支出

8．关于固定资产与无形资产相比，以下说法正确的有（　　）。

A．固定资产的折旧计入累计折旧，无形资产的成本摊销也计入累计折旧

B．固定资产具有实物形态，无形资产不具有实物形态

C．两者都属于非流动资产

D．两者都能确定使用寿命

E．两者都可以自用或出租

9．应当计提折旧的有（　　）。

A．未使用的办公房　　B．已提足折旧仍在使用的固定资产

C．季节性停用的车间　　D．改扩建期间的固定资产

E．放在经营场所备用的生产设备

10．自行建造的固定资产的入账价值包括（　　）。

A．工程物资成本　　B．人工成本

C．应予资本化的借款费用　　D．其他应分摊的间接费用

E．应予费用化的借款费用

三、判断题（每小题 1 分，共 13 分）

1．固定资产的使用寿命是有限的。（　　）

2．不需用的固定资产是指不适合本企业生产经营需要或多余的固定资产。（　　）

3．固定资产价值存在双重性。（　　）

4．固定资产损耗分为有形损耗和无形损耗。（　　）

5．企业的环保设备和安全设备等资产，并不直接为企业带来经济利益，所以不应当确认为固定资产。（　　）

6．购入固定资产所支付的增值税都应计入该固定资产的成本。（　　）

7．固定资产的减值是指固定资产的可收回金额低于其账面价值。（　　）

8．固定资产清理净损益应一律结转到“长期待摊费用”账户。（　　）

9．对于没有确定销售额的固定资产，可以以固定资产的净值作为销售额。（　　）

10．企业用固定资产对外进行投资，按公允价值记入“固定资产清理”账户的贷方。（　　）

11．当固定资产（动产）出现报废、毁损时，原已抵扣的增值税均不需要转出。（　　）

12．后续支出出现资本化的固定资产的账面价值不应超过其可收回金额的范围。（　　）

13．固定资产发生修理支付，应直接计入当期费用。（　　）

四、计算题（7 分）

2016 年 10 月，红旗工厂购入设备 100 000 元，当月投入使用，预计使用 5 年，预计净残值 1 000 元。

要求：采用双倍余额递减法计算该设备各年的折旧额。

五、业务题（每小题 4 分，共 36 分）

根据下列经济业务编制会计分录。

1．2017 年 3 月 2 日红旗工厂由于责任事故报废 C 型设备一台，原值 8 000 元，已经计提折旧 2 000 元，做转入清理的分录。

2．2017 年 3 月 2 日红旗工厂在 C 型设备清理中，用现金支付清理费用 400 元。

3．2017 年 3 月 2 日红旗工厂在 C 型设备的清理中，确认应收过失人赔款 300 元，残料变价收入 700 元已存入银行。

4．2017 年 5 月 5 日企业接受另一企业投入的 X 型机器一台，各方确认价值为 48 000 元，增值税发票列示税率为 17%。

5．2017 年 5 月 5 日企业接受投入 X 型设备时，用现金支付运杂费 1 000 元，设备验收合格，当即投入使用。

6．X 型设备在本企业预计使用年限为 5 年，预计净残值率为 5%，设备原值为 49 000 元。采用平均年限法计提折旧。设备使用刚满 1 年便转让所有权。编制转让的会计分录。

7．（接第 6 题）转让 X 型设备取得转让收入 15 000 元，增值税额 2 550 元，均存入银行。

8．（接第 6、7 题）结转 X 型设备转让的净损益（属于生产经营期间）。

9．2017 年 6 月 10 日工厂车间设备发生修理费 800 元，其中用现金付讫 500 元，领用材料 300 元。

第六章　无形资产和长期待摊费用

复习测试题

（满分100分，考试时间100分钟）

一、单项选择题（每小题 2 分，共 24 分）

1．企业自用无形资产的摊销费用应列入（　　）账户的借方。

A．“销售费用”　　B．“制造费用”

C．“管理费用”　　D．“财务费用”

2．专利权的有效期限为（　　）年。

A．5　　B．10

C．15　　D．50

3．商标权的有效期限为（　　）年。

A．5　　B．10

C．15　　D．50

4．出租无形资产所取得的收益应计入（　　）。

A．主营业务收入　　B．其他业务收入

C．投资收益　　D．营业外收入

5．无形资产出租每月应转销的成本应计入（　　）。

A．销售费用　　B．制造费用

C．管理费用　　D．其他业务成本

6．某企业自行研究开发一项新产品专利技术，在开发阶段发生材料费 30 万元，职工薪酬 10 万元，以及其他费用 40 万元，总计 80 万元，其中，符合资本化条件的支出为 50 万元，期末，该专利技术已经达到预定用途，则该无形资产的入账成本为（　　）万元。

A．80　　B．40

C．30　　D．50

7．用来反映无形资产历年成本摊销的账户是（　　）。

A．“累计折旧”　　B．“累计摊销”

C．“管理费用”　　D．“其他业务成本”

8．不受法律保护的无形资产是（　　）。

A．专利权　　B．非专利技术

C．商誉　　D．著作权

9．企业进行研究与开发无形资产过程中发生的各项支出，应先列入（　　）账户的借方。

A．“研发支出”　　B．“管理费用”

C．“无形资产”　　D．“销售费用”

10．企业出售无形资产发生的净损失，应计入（　　）。

A．营业外支出　　B．其他业务成本

C．销售费用　　D．管理费用

11．关于企业内部研究开发项目的支出，下列说法错误的是（　　）。

A．企业内部研究开发项目的支出，应当区分研究阶段支出与开发阶段支出

B．企业内部开发项目研究阶段的支出，应当计入当期损益

C．企业内部研究开发项目开发阶段的支出，应确认为无形资产

D．企业内部研究开发项目开发阶段的支出，可能确认为无形资产，也可能确认为费用

12．某企业出售一项 3 年前取得的专利权，该专利取得时的成本为 20 万元，按 10 年摊销，出售时取得收入 40 万元，不考虑相关税费，则出售该项专利时影响当期的损益为（　　）万元。

A．24　　B．26

C．15　　D．16

二、多项选择题（每小题 2 分，共 20 分）

1．无形资产的特点有（　　）。

A．没有实物形态　　B．不可辨认

C．可辨认　　D．非货币性资产

E．有实物形态

2．无形资产一般包括（　　）。

A．专利权　　B．非专利技术

C．自创的商誉　　D．著作权

E．经营特许权

3．企业无形资产的取得方式主要有（　　）。

A．购入　　B．自行开发

C．接受捐赠　　D．投资者投入

E．盘盈

4．自行开发专利权的成本包括（　　）。

A．研发阶段的费用化支出　　B．登记注册费

C．研发的资本化支出　　D．聘请的律师费

E．为使无形资产达到预定用途所发生的专业服务费用、测试费用

5．“研发支出”账户用来核算企业进行研究与开发无形资产过程中发生的各项支出，其正确的表述有（　　）。

A．应当按照研究开发项目，分别在“费用化支出”与“资本化支出”中进行明细核算

B．企业自行开发无形资产发生的研发支出，不满足资本化条件的，借记“研发支出——费用化支出”账户；满足资本化条件的，借记“研发支出——资本化支出”账户

C．企业以其他方式取得的正在进行的研究开发项目，应按确定的金额，借记“研发支出——资本化支出”账户

D．期末，企业应将归集的费用化支出金额，借记“管理费用”账户，贷记“研发支出——费用化支出”账户

E．研究开发项目达到预定用途形成无形资产的，应按资本化支出的金额，借记“无形资产”账户，贷记“研发支出——资本化支出”账户

6．关于无形资产会计处理的表述，正确的有（　　）。

A．企业出售无形资产，应当将取得的价款与该无形资产账面价值的差额计入当期损益

B．无形资产预期不能为企业带来经济利益的，应当将该无形资产的账面价值计入管理费用

C．企业摊销无形资产，应当自无形资产可供使用时起，至不再作为无形资产确认时止

D．只有很可能为企业带来经济利益且其成本能够可靠计量的无形资产才能予以确认

E．无论使用寿命确定或不确定的无形资产，均应按期摊销

7．出租无形资产摊销的金额不应列入（　　）账户的借方。

A．“营业外支出”　　B．“销售费用”

C．“其他业务成本”　　D．“管理费用”

E．“制造费用”

8．长期待摊费用包括（　　）。

A．企业筹建期间的印刷费　　B．企业筹建期间的注册登记费

C．筹建期间取得固定资产的费用　　D．筹建期间取得无形资产的费用

E．股票发行费

9．依法取得并予以资本化的著作权享有（　　）。

A．发表权　　B．署名权

C．修改权　　D．使用权

E．获得报酬权

10．转让无形资产所有权可能涉及的账户有（　　）。

A．“其他业务收入”　　B．“营业外收入”

C．“银行存款”　　D．“累计折旧”

E．“累计摊销”

三、判断题（每小题 1 分，共 13 分）

1．企业自创的商誉是不能作为无形资产入账的。（　　）

2．无形资产摊销方法一般为一次摊销法。（　　）

3．企业购入无形资产时，只能以买价作为购入无形资产的实际成本。（　　）

4．无形资产的摊销不考虑残值。（　　）

5．企业生产车间使用的专利权在按月摊销时，应借记“制造费用”账户。（　　）

6．企业出租无形资产的成本摊销，应借记“销售费用”账户。（　　）

7．无形资产成本在取得的当月开始摊销，处置无形资产的当月不再摊销。（　　）

8．无形资产的研发支出应全部计入该项无形资产的成本。（　　）

9．无形资产价值的摊销直接贷记“无形资产”账户。（　　）

10．无形资产的出售所得净收益或净损失全部作为管理费用处理。（　　）

11．企业已经支出，摊销期限超过 1 年的各项费用计入长期待摊费用，但不包括筹建期间为取得各项固定资产和无形资产所发生的费用。（　　）

12．“累计摊销”账户是资产类账户。（　　）

13．无法可靠确定预期实现方式的无形资产，应当采用直线法摊销。（　　）

四、计算题（7 分）

某企业以 350 万元的价格转让一项无形资产。该无形资产原购入价 450 万元，合同规定的受益年限为 10 年，法律规定的有效使用年限为 12 年，转让时已使用 4 年，不考虑减值准备及相关税费。

要求：计算该企业在转让该无形资产时确认的净收益为多少万元。

五、业务题（每小题 4 分，共 36 分）

根据下列经济业务编制会计分录。

1．2017 年 1 月企业将持有的一项无形资产出租给某单位使用，当月取得租金收入 80 000 元，已存入银行。

2．某企业转让无形资产（专利权）的使用权，用存款交纳转让费用 1 000 元。

3．本月企业自用无形资产的摊销额为 3 000 元。

4．2010 年 7 月 1 日，某企业以银行存款 200 000 元购入一项外观设计专利。

5．2010 年 7 月 1 日购入的外观专利权 200 000 元。根据法律规定，其使用年限为 10 年。2016 年 7 月 1 日，企业将该项无形资产出售，取得收入 50 000 元，已存入银行，并用银行存款支付相关转让费 1 000 元。

6．2017 年某企业自行开发专利技术，尚处于研究阶段，8 月份为此支付共用原材料费 120 000 元。

7．无形资产开发阶段应支付研究人员工资 20 000 元，符合资本化条件。

8．自行开发的无形资产成功，形成无形资产 180 000 元。

9．计提本月出租无形资产摊销额 6 000 元。

第七章　流动负债和非流动负债

复习测试题（一）

（满分100分，考试时间100分钟）

一、单项选择题（每小题 2 分，共 24 分）

1. 在物资和发票账单同时到达企业的情况下，应付账款的入账时间为（　　）。

A. 发票账单到达后　　B. 物资验收入库后

C. 物资到达企业时　　D. 物资验收入库前

2. 预收账款不多的企业，可以用（　　）账户替代。

A. “预收账款”　　B. “应收账款”

C. “应付账款”　　D. “其他应收款”

3. 目前我国大多数企业的工资采用（　　）。

A. 月薪制　　B. 年薪制

C. 时薪制　　D. 季薪制

4. 下列选项中属于流动负债的是（　　）。

A. 预付账款　　B. 应收债券

C. 应付账款　　D. 长期借款

5. 某企业收到 A 企业预付的商品货款 5 500 元，编制的会计分录为（　　）。

A. 借：银行存款　　5 500
　　贷：预付账款　　5 500

B. 借：预收账款　　5 500
　　贷：银行存款　　5 500

C. 借：银行存款　　5 500
　　贷：预收账款　　5 500

D. 借：预付账款　　5 500
　　贷：银行存款　　5 500

6. 企业发生赊购业务时，不影响应付账款账面价值的是（　　）。

A. 商品价款　　B. 销售方代垫的装卸费

C. 增值税进项税额　　D. 现金折扣

7. 下列选项中，属于非流动负债的是（　　）。

A. 应付票据　　B. 预收账款

C. 预付账款　　D. 长期借款

8. 下列有关应付票据处理的表述中，不正确的是（　　）。

A. 企业到期无力支付的银行承兑汇票，应按账面价值转入短期借款

B. 不带息应付票据到期支付时，按票面金额结转

C. 企业银行支付的承兑汇票手续费，应计入当期管理费用

D. 应付票据到期无力支付，应结转到“应付账款”或“短期借款”

9. 下列选项中，不属于应付职工薪酬内容的是（　　）。

A. 职工福利费　　B. 辞退福利

C. 出差期间的误餐补贴　　D. 社会保险费

10. 企业从应付职工薪酬中扣还个人所得税，应贷记（　　）账户。

A. “应付职工薪酬”　　B. “应交税费——应交个人所得税”

C. “应付账款”　　D. “其他应付款”

11. 委托加工的应税消费品收回后直接用于销售的，为其交纳的消费税记入（　　）借方账户。

A. “委托加工物资”　　B. “应交税费——应交消费税”

C. “管理费用”　　D. “税金及附加”

12. 委托加工的应税消费品收回后继续用于连续生产的，由受托方代收代缴的消费税，委托方应借记的账户是（　　）。

A. “在途物资”　　B. “应交税费——应交消费税”

C. “委托加工物资”　　D. “税金及附加”

二、多项选择题（每小题 2 分，共 20 分）

1. 下列选项中，属于非流动负债的有（　　）。

A. 长期应收款　　B. 长期借款

C. 应付债券　　D. 其他应付款

E. 预收账款

2. 工资核算的原始凭证主要包括（　　）。

A. 考勤记录　　B. 工时记录

C. 销售记录　　D. 产量记录

E. 工资单

3. 计算教育费附加的基数包括（　　）。

A. 消费税　　B. 印花税

C. 增值税　　D. 城市维护建设税

E. 所得税

4. 下列应列为财务费用的有（　　）。

A. 预提短期借款利息　　B. 实际发生并确认的购货商业折扣

C. 应付票据承兑的手续费　　D. 实际发生并确认的购货现金折扣

E. 预提财务人员的工资

5. 应列入“税金及附加”账户的税费有（　　）。

A. 车船税　　B. 教育费附加

C. 房产税　　D. 印花税

E. 土地使用税

6．下列负债中，一般不需要支付利息的有（　　）。

A．预收账款　　B．短期借款

C．长期借款　　D．不带息应付票据

E．应付职工工资

7．企业短期借款的主要种类有（　　）。

A．生产经营周转借款　　B．临时借款

C．固定资产投资借款　　D．科研开发借款

E．票据贴现借款

8．其他应付款核算的内容包括（　　）。

A．应付经营租入固定资产和包装物的租金

B．职工未按期领取的工资

C．存入保证金

D．存出保证金

E．暂收所属单位的款项

9．下列关于计提长期借款利息的原则，说法正确的有（　　）。

A．属于筹建期间的，应计入管理费用

B．属于筹建期间的，应计入财务费用

C．属于生产经营期间的，应计入管理费用

D．属于生产经营期间的，应计入财务费用

E．在固定资产尚未达到预定可使用状态前所发生的利息支出应当资本化

10．下列税金中，应计入税金及附加的有（　　）。

A．消费税　　B．资源税

C．增值税　　D．教育费附加

E．城市维护建设税

三、判断题（每小题 1 分，共 13 分）

1．预付账款属于流动负债。（　　）

2．负债是指企业过去的交易、事项形成的将来义务，履行该义务预期会导致经济利益流出企业。（　　）

3．预收账款是企业的一项负债，所以预收账款账户的期末余额一定反映企业的负债。（　　）

4．企业的负债按其流动性分为流动负债和非流动负债。（　　）

5．流动负债是指将在 1 年（不含 1 年）或者超过 1 年的一个会计期间内偿还的债务。（　　）

6．企业发生的短期借款利息应当计入当期财务费用。（　　）

7．企业应将无法支付的应付账款转作其他业务收入处理。（　　）

8．企业只有在对外销售消费税应税产品时才会交纳消费税。（　　）

9．企业在筹建期间计提的短期借款利息应计入财务费用。（　　）

10．计件工资是根据完成产品数量和规定的计件单价计算工资的，完成产品的数量指的是企业实际完成的合格品数。（　　）

11．企业支付的一切奖金、津贴、福利补助共同组成工资总额，都应通过“应付职工薪酬”账户核算。（　　）

12．应交税费是指企业按国家税法规定交纳的各种税金，企业应交的各种税金都应当通过“应交税费”账户核算。（　　）

13．企业按规定计算出应交的房产税额、土地使用税额、车船税额，借记“税金及附加”账户，贷记“应交税费——应交房产税、土地使用税、车船税”账户。（　　）

四、计算题（7 分）

职工张某月标准工资为 1200 元，2017 年 9 月事假 5 天，病假 2 天。请假期间没有节假日。病假期间支付标准工资的 70%。

要求：分别按 30 天、21.75 天计算该职工的日工资率，事、病假应付工资额。

五、业务题（每小题 4 分，共 36 分）

1．甲企业购入 A 材料 10 吨，单价 1 000（元/吨），增值税 1 700 元，合计 11 700 元，材料验收入库，开出银行承兑汇票一张计 11 700 元，付款期限为 4 个月。

2．甲企业向乙原料厂购入 B 材料一批，增值税专用发票上注明：价款 500 000 元，增值税额 85 000 元，价、税款均未支付，该批材料已验收入库。

3.（接第 2 题）B 原料厂规定现金付款条件为“2/10，n/30”。编制甲企业在第 10 天内付款的会计分录。

4．2017 年 9 月，甲企业用商业承兑汇票向丙企业购入 C 原材料一批，价款为 20 000 元，增值税 3 400 元。

5.（接第 4 题）票据到期，甲企业无力支付票款。

6.（接第 4 题）票据到期，甲企业支付票款。

7．甲企业本月应付工资总额为 366 000 元，其中产品生产人员工资为 100 000 元，车间管理人员工资为 50 000 元，企业行政管理人员工资 50 000 元，销售人员工资 166 000 元。

8．2017 年 9 月，甲企业以现金支付职工李某生活困难补助 500 元。

9．甲企业出借给丁企业包装物一批，收取本月包装物押金 5 000 元，存入银行。

复习测试题（二）

（满分100分，考试时间100分钟）

一、单项选择题（每小题 2 分，共 24 分）

1. 下列各项中，对企业在生产经营期间的资产负债表日，按合同利率计算的长期借款利息费用的会计处理正确的是（　　）。

A. 借记“财务费用”账户，贷记“长期借款”账户

B. 借记“财务费用”账户，贷记“应付利息”账户

C. 借记“财务费用”账户，贷记“其他应付款”账户

D. 借记“长期借款”账户，贷记“财务费用”账户

2. 企业为建造厂房而购进工程物资负担的增值税应当记入（　　）。

A.“应交税费——应交增值税”　B.“固定资产”

C.“工程物资”　D.“管理费用”

3. 某企业为增值税一般纳税人，2017 年应交各种税金为：增值税 34 万元，消费税 100 万元，城市维护建设税 14 万元，房产税 15 万元，车船税 5 万元，印花税 10 万元，所得税 66 万元。上述各项税金应计入税金及附加的金额为（　　）万元。

A. 78　B. 144

C. 44　D. 130

4. 企业用自产的商品作为福利发放给职工，实际发放时，应编制的会计分录是（　　）。

A. 借记“应付职工薪酬”账户，贷记“银行存款”账户

B. 借记“应付职工薪酬”账户，贷记“库存商品”账户

C. 借记“应付职工薪酬”账户，贷记“主营业务收入”账户

D. 借记“应付职工薪酬”账户，贷记“主营业务收入”“应交税费——应交增值税（销项税额）”账户

5. 某企业将自产的空调发放员工作为员工福利，该产品的成本为每台 1 000 元，计税价格为每台 2 000 元，增值税税率为 17%。该企业共有 200 人，每人发放一台，则计入该企业应付职工薪酬的金额为（　　）元。

A. 200 000　B. 234 000

C. 400 000　D. 468 000

6. 下列各项中，关于应付票据的利息核算，说法正确的是（　　）。

A. 通过“应付账款”账户核算　B. 通过“应付利息”账户核算

C. 通过“应付票据”账户核算　D. 通过“其他应收款”账户核算

7. 某企业为增值税一般纳税人，委托外单位加工一批应交消费税的商品，以银行存款支付加工费 300 万元、增值税 51 万元、消费税 45 万元，该加工商品收回后将直接用于对外销售。该企业在支付上述货款时，应编制的会计分录为（　　）。

A. 借记“委托加工物资”396 元，贷记“银行存款”396 元

B. 借记“委托加工物资”300 元，“应交税费”96 元，贷记“银行存款”396 元

C. 借记“委托加工物资”345 元，“应交税费”51 元，贷记“银行存款”396 元

D. 借记“委托加工物资”396 元，贷记“银行存款”300 元，“应交税费”96 元

8. 如果企业开出的商业承兑汇票到期不能如期支付，则应在票据到期并未签发新的票据时，经应付票据账面价值转入（　　）账户。

A.“营业外收入”　B.“短期借款”

C.“管理费用”　D.“应付账款”

9. 如果企业开出的银行承兑汇票到期不能如期支付，则应在票据到期并未签发新的票据时，经应付票据账面价值转入（　　）账户。

A.“营业外收入”　B.“短期借款”

C.“管理费用”　D.“应付账款”

10. 增值税小规模纳税人征收税率为（　　）。

A. 10%　B. 17%

C. 3%　D. 7%

11. 企业按规定计算应交的城市维护建设税，借记（　　）账户，贷记“应交税费”账户。

A.“管理费用”　B.“税金及附加”

C.“其他业务成本”　D.“销售费用”

12. 城市维护建设税的计税依据是（　　）。

A. 实际缴纳的消费税　B. 实际缴纳的资源税

C. 实际缴纳的增值税　D. 实际缴纳的消费税和增值税

二、多项选择题（每小题 2 分，共 20 分）

1. 下列选项中，属于流动负债的有（　　）。

A. 预收账款　B. 预付账款

C. 应付票据　D. 应付账款

E. 短期借款

2. 企业在购买材料、商品和接受劳务等而开出、承兑的商业汇票，包括（　　）。

A. 商业承兑汇票　B. 银行本票

C. 银行汇票　D. 银行承兑汇票

E. 外埠存款

3. 长期借款所发生的利息支出，可能借记的账户有（　　）。

A.“财务费用”　B.“管理费用”

C.“销售费用”　D.“在建工程”

E.“长期借款”

4. 下列各项中，应通过“其他应付款”账户核算的有（　　）。

A. 应付经营租入包装物的租金　B. 职工未按期领用的工资

C. 存入保证金　D. 应交的教育费附加

E. 存出保证金

5．下列各项中，可以列入利润表中“税金及附加”项目的有（　　）。

A．增值税　　B．个人所得税

C．消费税　　D．城市维护建设税

E．教育费附加

6．消费税实行的计算征收办法有（　　）。

A．从量定率　　B．从价定率

C．从数定量　　D．从价定量

E．从量定额

7．需要交纳消费税的税目有（　　）。

A．化妆品　　B．烟

C．贵重首饰　　D．木制一次性筷子

E．小汽车

8．增值税的纳税人通常分为（　　）。

A．大型企业纳税人　　B．中型企业纳税人

C．小型企业纳税人　　D．一般纳税人

E．小规模纳税人

9．长期借款主要包括（　　）。

A．固定资产投资借款　　B．更新改造借款

C．票据贴现借款　　D．生产经营周转借款

E．科研开发借款

10．长期借款进行明细核算，应当设置的明细账户包括（　　）。

A．“本金”　　B．“利息”

C．“利息调整”　　D．“手续费”

E．“交易费用”

三、判断题（每小题 1 分，共 13 分）

1．负债是指过去的交易、事项形成的现时义务，履行该义务预期会导致经济利益流出企业。（　　）

2．应付账款的入账价值应按到期应付金额的现值入账。（　　）

3．企业以其自产产品作为非货币性福利发放给职工的，应当根据受益对象不同，按照该产品的公允价值，计入相关资产成本或当期损益。（　　）

4．如果一个企业的预收账款不多，可以将预收的款项直接记入“应收账款”账户的贷方。（　　）

5．企业为取得固定资产而交纳的契税，应计入固定资产入账价值。（　　）

6．企业在经营管理期间发生的借款利息应全部作为开办费用处理，并在规定的期限内平均摊销。（　　）

7．一般纳税人企业用自产的商品对外投资时，因在会计核算中不作为销售处理，故不存在计算缴纳增值税销项税的问题。（　　）

8．企业在建工程领用原材料时，其应负担的增值税，属于“进项税额转出”。（　　）

9．一般纳税人企业购进货物时，支付或负担的增值税额，均可列为进项税额，从销项税额中抵扣。（　　）

10．支付职工的生活困难补助费属于“职工福利”的核算内容。（　　）

11．企业对于确实无法支付的应付账款，应转入营业外收入。（　　）

12．“预收账款”是负债类账户，所以“预收账款”账户不会出现借方余额。（　　）

13．货物与发票账单不同时到达，待月份终了时暂估入账，下月初再红字冲销。（　　）

四、计算题（7 分）

某生产车间由 4 名成员组成，共同完成 A 产品的加工任务。本月该车间共加工完成 A 产品 1 500 件，计件单价 4 元，验收时发现料废品 50 件，工废品 100 件。各月标准工资和实际工作时间如下表所示。

要求：根据资料计算车间各个人的计件工资。

姓名	实际工作时间（时）	分配率	应得计件工资（元）
张某	150		
李某	140		
王某	160		
陈某	50		
合计			

五、业务题（每小题 4 分，共 36 分）

根据下列经济业务编制会计分录。

1．甲企业 9 月份上缴 8 月份未交增值税 3 400 元。

2．甲企业 9 月末上缴当月应交增值税 5 100 元。

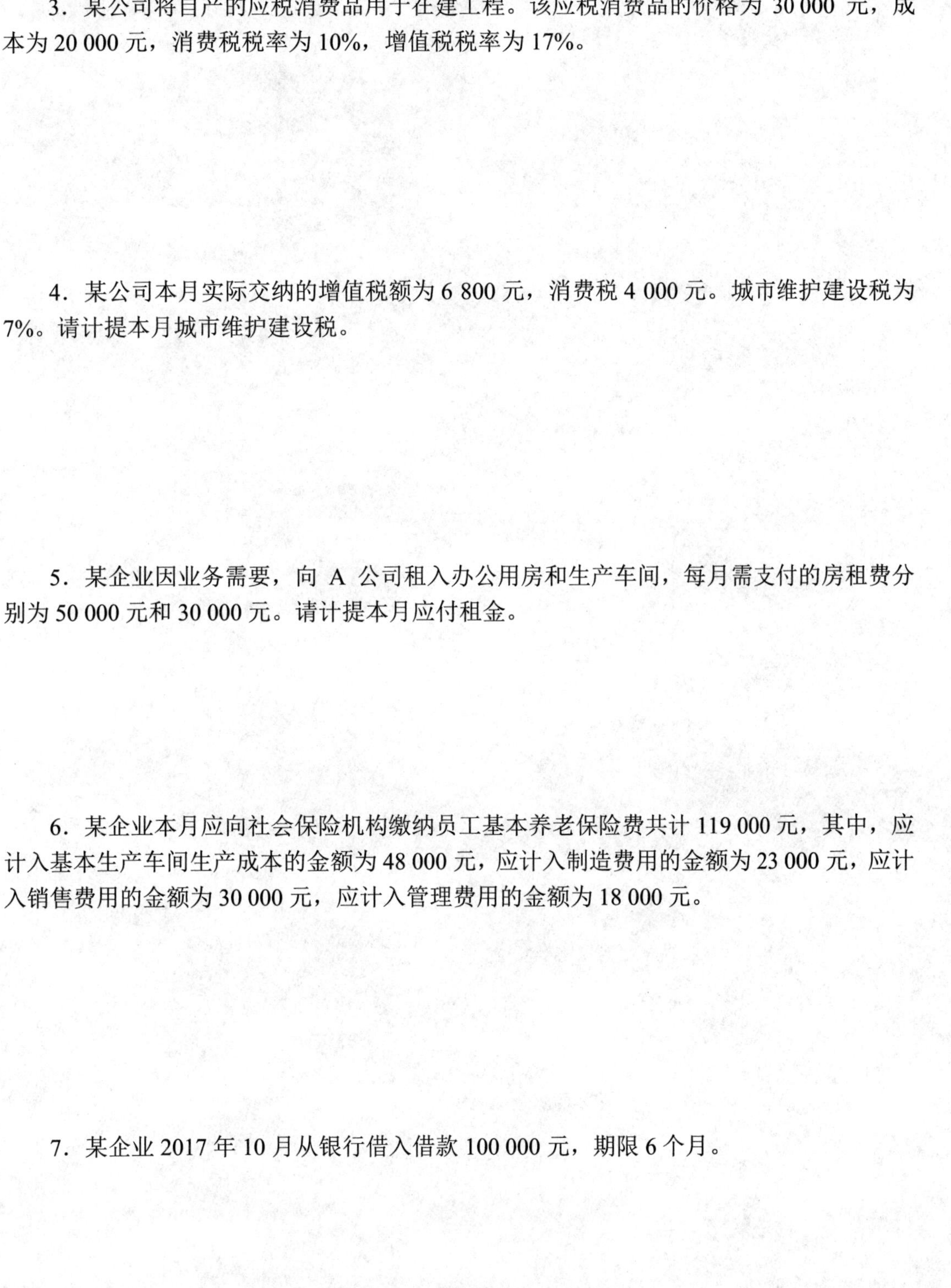

3．某公司将自产的应税消费品用于在建工程。该应税消费品的价格为 30 000 元，成本为 20 000 元，消费税税率为 10%，增值税税率为 17%。

4．某公司本月实际交纳的增值税额为 6 800 元，消费税 4 000 元。城市维护建设税为 7%。请计提本月城市维护建设税。

5．某企业因业务需要，向 A 公司租入办公用房和生产车间，每月需支付的房租费分别为 50 000 元和 30 000 元。请计提本月应付租金。

6．某企业本月应向社会保险机构缴纳员工基本养老保险费共计 119 000 元，其中，应计入基本生产车间生产成本的金额为 48 000 元，应计入制造费用的金额为 23 000 元，应计入销售费用的金额为 30 000 元，应计入管理费用的金额为 18 000 元。

7．某企业 2017 年 10 月从银行借入借款 100 000 元，期限 6 个月。

8．（接第 7 题）该借款年利率为 6%，利息每月支付。写出每月末支付利息的会计分录。

9．某公司预收购货方商品货款 70 000 元。

复习测试题（三）

（满分100分，考试时间100分钟）

一、单项选择题（每小题2分，共24分）

1．企业从应付职工薪酬中代扣的职工房租，应借记（　　）。

A．“应付职工薪酬”　　B．“其他应收款”

C．“其他应付款”　　D．“银行存款”

2．按规定计算出代扣代缴职工个人所得税为15 000元。编制的会计分录为（　　）。

A．借：应付职工薪酬　　15 000

　　贷：应交税费——应交个人所得税　　15 000

B．借：应付职工薪酬　　15 000

　　贷：银行存款　　15 000

C．借：应交税费——应交个人所得税　　15 000

　　贷：银行存款　　15 000

D．借：应付职工薪酬　　15 000

　　贷：其他应付款　　15 000

3．企业因债权人撤销而转销无法支付的应付账款时，应将所转销的应付账款记入（　　）。

A．“管理费用”　　B．“应付票据”

C．“营业外收入”　　D．“资本公积”

4．某企业2017年10月向银行借入资本100万元，期限为5个月，年利率为12%，到期还本，采取按月计提利息，按季付息的方式。该企业10月31日计提的利息为（　　）万元。

A．1　　B．12

C．2　　D．3

5．短期借款利息采取按月计提，按季支付的方式，则企业计提利息时，应该（　　）。

A．借记“应付利息”账户　　B．借记“财务费用”账户

C．借记“短期借款”账户　　D．贷记“其他应付款”账户

6．某企业本期支付给职工的计时工资为1 000元，计件工资为1 500元，综合奖金为700元，技术性津贴为500元，职工生活困难补助为800元。该企业本期的工资总额为（　　）元。

A．2 500　　B．3 200

C．3 700　　D．4 500

7．如果企业预收账款少，不设置预收账款账户，那可将预收账款的货款记入（　　）。

A．“应收账款”的借方　　B．“应收账款”的贷方

C．“应付账款”的借方　　D．“应付账款”的贷方

8．下列各项中，不通过“应付账款”账户核算的是（　　）

A．应付货物负担的进项税额　　B．应付包装物的租金

C．应付货物的采购价款　　D．应付销货方代垫的运杂费

9．委托加工的应税消费品收回后准备直接出售，由受托方代收代交的消费税，委托方借记的账户是（　　）。

A．“库存商品”　　B．“委托加工物资”

C．“应交税费——应交消费税”　　D．“税金及附加”

10．某企业采购免税农产品，实际支付的价款是4 000元，则购进存货的成本是（　　）元。

A．4 000　　B．4 400

C．3 480　　D．4 520

11．某企业为增值税一般纳税人，2017年应交的各种税费为：增值税1 700元，消费税500元，城市维护建设税400元，印花税300元，车船税500元。上述各项税金应计入税金及附加的金额为（　　）元。

A．1 700　　B．1 200

C．800　　D．300

12．下列应付利息的支出中，应该资本化的是（　　）。

A．在生产经营期间发生的长期借款利息

B．在筹建期间发生的长期借款利息

C．短期借款利息

D．固定资产尚未达到预定可使用状态前发生的长期借款利息

二、多项选择题（每小题2分，共20分）

1．下列属于流动负债的有（　　）。

A．预收账款　　B．其他应付款

C．应付票据　　D．一年内到期的长期借款

E．预付账款

2．计提应付职工薪酬时，“应付职工薪酬”的对应账户可能是（　　）。

A．“销售费用”　　B．“制造费用”

C．“管理费用”　　D．“研发支出”

E．“生产成本”

3．下列各项中，应列为财务费用的有（　　）。

A．短期借款利息　　B．实际发生并确认的购货现金折扣

C．长期借款利息　　D．应付票据的手续承兑费用

E．带息应付票据的应付利息

4．增值税的应税销售额是指纳税人销售货物或提供劳务从购买方收取的（　　）。

A．全部价款　　B．部分价款

C．价外费用　　D．价内费用

E．以上皆对

5．教育费附加的计税依据是从事生产经营活动的单位和个人实际交纳的（　　）。

A．增值税　　B．消费税

C．印花税　　D．城市维护建设税

E．车船税

6．应计入企业固定资产价值的税费有（　　）。

A．房产税　　B．印花税

C．车船税　　D．车辆购置税

E．购入固定资产交纳的契税

7．下列选项中，属于职工薪酬的内容有（　　）。

A．职工工资、奖金、津贴和补贴　　B．职工福利费

C．社会保险费　　D．住房公积金

E．辞退福利

8．下列选项中，应通过“其他应付款”账户核算的有（　　）。

A．应付经营租入包装物的租金　　B．存入保证金

C．职工未按期领取的工资　　D．收取的包装物押金

E．代扣的个人所得税

9．影响应付计件工资的内容有（　　）。

A．合格品数量　　B．料废品数量

C．工废品数量　　D．计件单价

E．职工工作时间

10．属于长期负债的有（　　）。

A．长期借款　　B．应付债券

C．1 年内到期的长期借款　　D．长期应付款

E．预付账款

三、判断题（每小题 1 分，共 13 分）

1．企业按工资总额的一定比例提取的职工教育经费、工会经费，应按照职工为企业提供服务的受益对象计入相关的资产成本或当期损益。（　　）

2．应交城市维护建设税应列入“税金及附加”账户。（　　）

3．租入包装物支付的押金属于其他应付款核算的范围。（　　）

4．属于筹建期间长期借款发生的除构建固定资产以外的借款，应作为管理费用处理。

5．小规模纳税人适用的增值税税率为 3%。（　　）

6．委托加工物资收回后，直接用于销售的，代收代交的消费税按规定准予抵扣。

（　　）

7．企业计算应交的房产税额、土地使用税额、车船税额，应借记“税金及附加”账户，贷记“应交税费——应交房产税、土地使用税、车船税”账户。（　　）

8．应交税费主要核算各种依法应缴纳的增值税、消费税、城市维护建设税、个人所得税等。（　　）

9．应付及预收款项只包括应付账款和预收账款。（　　）

10．短期借款核算的是企业向银行或其他金融机构等借入的期限在 1 年以下（含 1 年）的各种借款。（　　）

11．企业日工资是按工作天数 21.75 天计算的，各月内的双休日、法定节假日不计工资，因而，缺勤期间的双休日、节假日也不扣工资。（　　）

12．长期借款核算的是企业向银行或其他金融机构等借入的期限在 1 年以上（不含 1 年）的各种长期借款，长期借款计提的利息都计入财务费用中。（　　）

13．企业确实无法支付的应付账款，应转作营业外收入。（　　）

四、计算题（7 分）

职工张某本月加工 A 零件 550 个，计件单价 4 元；加工 B 零件 200 个，计件单价 2.5 元；加工 C 零件 500 个，计件单价 5 元。验收时发现 A 零件料废品 50 个，工废品 50 个；B 零件全部合格；C 零件料废品数 40 个。

要求：计算张某的计件月工资。

五、业务题（每小题 4 分，共 36 分）

根据下列经济业务编制会计分录。

1．某企业用现金支票 50 000 元偿还原材料供应商货款，同时该笔交易款项享受了现金折扣 1 000 元。

2．某企业开具5 000元商业汇票一张，抵付到期的前欠货款。

3．某企业销售A商品3件，单价5 000元；B商品5件，单价4 000元。适用的增值税税率为17%。货款已预收。

4．按规定计算出代扣代交的职工个人所得税3 000元。

5．向小规模纳税人购进免税农产品作为生产所需的原材料，以银行存款支付价款30 000元。

6．自建厂房领用原材料40 000元，增值税为6 800元。

7．某企业将自产的商品用于在建工程。该批自产的商品成本为50 000元，计税价格为100 000元。适用的增值税税率为17%。

8．某企业9月末上交当月增值税17 000元。

9．（接第8题）企业9月末还有5 100元的应交增值税未交。

第八章　所有者权益

复习测试题

（满分100分，考试时间100分钟）

一、单项选择题（每小题 2 分，共 24 分）

1．所有者权益是指企业资产扣除负债后由（　　）享有的剩余权益。

A．供应商　　B．债务人

C．政府机关　　D．所有者

2．下列经济业务中，不会引起所有者权益总额发生变动的是（　　）。

A．所有者向企业投入无形资产　　B．所有者向企业投入固定资产

C．资本公积转增资本　　D．向投资者宣告发放现金股利

3．我国法律规定，公司制企业的法定盈余公积可按照净利润的（　　）提取。

A．5%　　B．10%

C．15%　　D．50%

4．下列各项中不属于所有者权益项目的是（　　）。

A．任意盈余公积　　B．法定盈余公积

C．资本溢价　　D．债权人权益

5．企业接受货币资金投资时，其价值不能够低于该企业注册资本的（　　）。

A．15%　　B．30%

C．45%　　D．60%

6．某企业 2017 年年初所有者权益总额为 200 万元，当年以其中的资本公积 30 万元转增资本。同时当年实现净利润共计 350 万元，提取法定盈余共计 35 万元，向投资者分配股利 50 万元。该企业 2017 年年末所有者权益总额为（　　）万元。

A．500　　B．535

C．565　　D．560

7．2017 年 1 月 1 日某企业所有者权益情况如下：实收资本 300 万元，资本公积 50 万元，盈余公积 40 万元，未分配利润 55 万元。则该企业 2017 年 1 月 1 日的留存收益共计（　　）万元。

A．145　　B．95

C．390　　D．100

8．某公司 2017 年年初所有者权益总额为 1 400 万元，当年共实现净利润 550 万元，提取法定盈余公积 55 万元，向投资者分配现金股利 200 万元，2017 年年内以资本公积转增资本 100 万元，投资者追加投资 50 万元。该公司 2017 年年末所有者权益总额为（　　）万元。

A．1 755　　B．1 800

C．1 855　　D．1 700

9．某公司 2017 年“盈余公积”账户的年初余额为 200 万元，本期共提取盈余公积 500 万元，当年用盈余公积转增资本 50 万元，用盈余公积弥补亏损 100 万元，用盈余公积向投资者分配股利 30 万元。该公司 2017 年年末盈余公积为（　　）万元。

A．620　　B．520

C．570　　D．670

10．下列选项中，不属于留存收益的项目是（　　）。

A．法定盈余公积　　B．任意盈余公积

C．实收资本　　D．未分配利润

11．会引起一项所有者权益增加，一项所有者权益减少的经济业务是（　　）。

A．企业向所有者分配利润　　B．资本公积转增注册资本

C．收到所有者投资的固定资产　　D．企业用货币资金偿还前欠货款

12．某企业 2017 年年初未分配利润的贷方余额为 500 万元，本年度实现的净利润为 300 万元，企业分别按照 10%和 15%提取法定盈余公积和任意盈余公积。假定不考虑其他因素，该企业在 2017 年年末未分配利润的贷方余额为（　　）万元。

A．800　　B．725

C．770　　D．755

二、多项选择题（每小题 2 分，共 20 分）

1．下列选项中，属于企业留存收益的有（　　）。

A．实收资本　　B．法定盈余公积

C．任意盈余公积　　D．未分配利润

E．资本公积

2．投资者投入的出资额（　　）注册资本。

A．可以小于　　B．可以等于

C．可以大于　　D．只能等于

E．以上皆正确

3．下列选项中，引起资产和所有者权益同时发生变化的选项有（　　）。

A．将盈余公积转增资本　　B．收到投资者的现金投资

C．收到投资者无形资产投资　　D．将资本公积转增资本

E．用盈余公积发放股利

4．企业盈余公积的主要用途包括（　　）。

A．转增企业资本　　B．偿还债款

C．分配股利　　D．弥补亏损

E．发放职工薪酬

5．下列选项中，在“实收资本”账户贷方登记的有（　　）。

A．接受固定资产捐赠　　B．接受固定资产投资

C．接受无形资产投资　　D．资本公积转增资本

E．盈余公积转增资本

6．下列选项中，企业可以吸收所有者的（　　）作为投入资本。

A．货币资金　　B．固定资产
C．无形资产　　D．租赁资产
E．借入资金

7．下列选项中，资本公积包括（　　）。

A．资本溢价　　B．投入资本
C．直接计入所有者权益的利得和损失
D．捐赠所得
E．股本溢价

8．下列选项中，所有者权益和债权人权益的区别有（　　）。

A．对象不同　　B．性质不同
C．享受的权利不同　　D．偿还期限不同
E．风险不同

9．下列选项中，能引起实收资本（股本）发生增减变动的有（　　）。

A．接受货币资金投资
B．企业原投资者将其持有的股本转让给其他投资者
C．企业减少其注册资本
D．企业将资本公积转增资本
E．企业通过利润分配发放股票股利

10．所有者权益包括（　　）。

A．实收资本　　B．资本公积
C．盈余公积　　D．借入资产
E．未分配利润

三、判断题（每小题 1 分，共 13 分）

1．当企业提取的法定盈余公积累计达到注册资本的 50%时，可以不再提取。（　　）
2．所有者权益是指企业的资产扣除权益后，由所有者享有的剩余权益。（　　）
3．企业债权人的风险高于投资者的风险。（　　）
4．在企业持续经营的情况下，投资者可以收回投资。（　　）
5．企业用盈余公积转增资本时，不引起所有者权益总额的变动。（　　）
6．企业资本公积的形成与企业的净利润无关。（　　）
7．债权人权益有收回债务本金和利息的权利以及参与经营管理的权利。（　　）
8．企业以盈余公积向投资者分配现金股利，不会引起企业留存收益的变动。（　　）
9．企业当年的可供分配利润，应该包括年初的未分配利润，加当年实现的净利润以及其他的转入。（　　）
10．企业收到固定资产投资时，应按投资单位确定的净值入账。（　　）
11．企业以自产的固定资产进行投资，应视同销售计算增值税。（　　）
12．任意盈余公积，主要用于发放职工福利。（　　）
13．投资者投入的资金，并不一定全部作为企业的注册资本。（　　）

四、计算题（7 分）

某企业 2017 年年末盈余公积的贷方余额为 370 万元，当年实现净利润 500 万元，按 10%提取法定盈余公积，按 5%提取任意盈余公积，以盈余公积转增资本 50 万元，以盈余公积发放投资者股利 30 万元。

要求：计算该企业 2017 年年末盈余公积的账面价值。

五、业务题（每小题 4 分，共 36 分）

1．甲公司收到科技公司投资的一项专利技术，经评估确认该专利技术价值为 50 000 元。

2．甲公司 2017 年实现的税后净利润为 2 000 000 元。根据股东大会决定，分别按照当年实现净利润的 10%和 5%的比例提取法定盈余公积和任意盈余公积。

3．甲公司收到 A 公司投入的资本 5 000 000 元，B 公司投入的资本 4 000 000 元。该款项全部存入甲公司的开户银行。

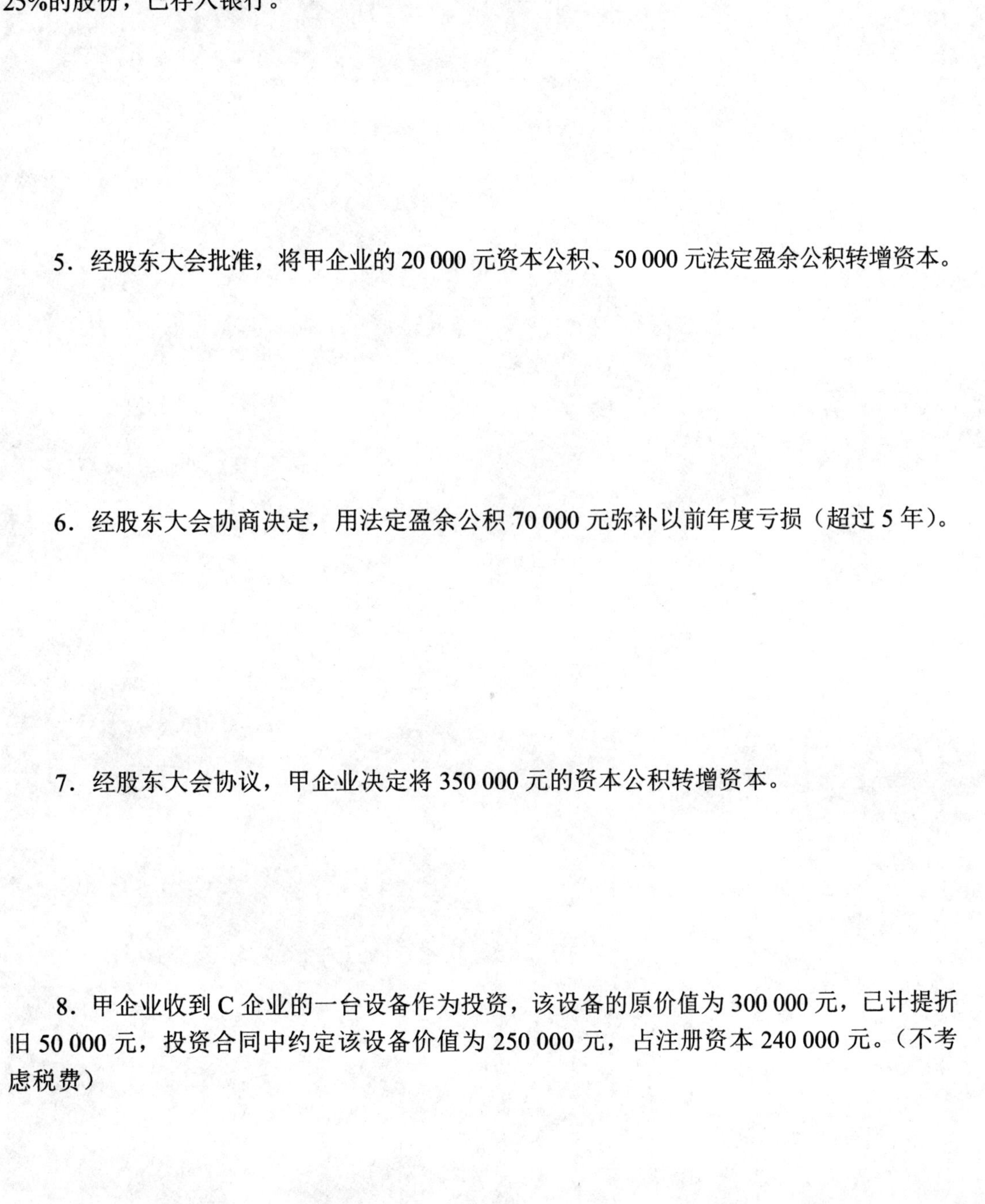

4．甲企业原由3个投资者组成，每个投资者各投资10万元，实收资本共计30万元。在经营1年后，另有一个投资者加入甲企业，经协商新的投资者出资20万元，拥有该企业25%的股份，已存入银行。

5．经股东大会批准，将甲企业的20 000元资本公积、50 000元法定盈余公积转增资本。

6．经股东大会协商决定，用法定盈余公积70 000元弥补以前年度亏损（超过5年）。

7．经股东大会协议，甲企业决定将350 000元的资本公积转增资本。

8．甲企业收到C企业的一台设备作为投资，该设备的原价值为300 000元，已计提折旧50 000元，投资合同中约定该设备价值为250 000元，占注册资本240 000元。（不考虑税费）

9．甲企业收到D企业投资转入的原材料一批，增值税专用发票上注明原材料价款为30 000元，增值税5 100元。

第九章　收入、费用和利润

复习测试题（一）

（满分100分，考试时间100分钟）

一、单项选择题（每小题 2 分，共 24 分）

1. 某工业企业本期营业收入为 500 万元，营业成本为 400 万元，管理费用为 20 万元，投资收益为 30 万元，所得税费用为 30 万元。假定不考虑其他因素，该企业本期净利润为（　　）万元。

A．65　　B．95
C．100　　D．80

2. 车间管理人员的工资在分配时应计入（　　）。

A．管理费用　　B．生产成本
C．制造费用　　D．销售费用

3. 应计入财务费用的是（　　）。

A．商业折扣　　B．现金折扣
C．销售退回　　D．销售折让

4. 属于营业外收入的是（　　）。

A．固定资产盘盈　　B．销售产品收入
C．转让材料收入　　D．提供劳务的收入

5. 关于利润的说法，错误的是（　　）。

A．利润是指企业在一定会计期间的经营成果
B．直接计入当期利润的利得和损失，是指应当计入当期损益、会导致所有者权益发生增减变动的、与所有者投入资本或者向所有者分配利润无关的利得或者损失
C．利润项目应当列入利润表
D．利润金额取决于收入和费用的计量，不涉及利得和损失金额的计量

6. 采用分期收款方式销售商品，企业应以（　　）确认销售收入。

A．发出商品的全部价款　　B．本期实际收到的价款
C．收回的全部价款　　D．合同约定的本期应收价款

7. 在委托方采用收取手续费的方式代销商品的情况下，受托方应在商品销售后确认为收入的是（　　）。

A．销售商品的价款　　B．销售商品的价款和增值税之和
C．销售商品的价款和手续费之和　　D．应收取的手续费

8. 某工业企业本期营业利润为 300 万元，管理费用为 25 万元，投资收益为 40 万元，营业外支出为 5 万元，所得税为 30 万元。假定不考虑其他因素，该企业本期净利润为（　　）万元。

A．160　　B．165
C．200　　D．265

9. 某企业 2010 年的利润总额为 800 万元，其中本年收到的国库券的利息收入为 10 万元，全年计税工资为 200 万元，实发工资为 310 万元，企业所得税税率为 25%。该企业 2010 年应交的所得税为（　　）万元。

A．202.5　　B．225
C．250　　D．252.5

10. 应计入营业外收入的项目是（　　）。

A．销售商品取得的收入　　B．转销无法偿还的应付账款
C．出售原材料取得的收入　　D．公益性捐赠支出

11. 企业对于已经发出，但尚未确认销售收入的商品的成本，应借记的账户是（　　）。

A．“在途物资”　　B．“库存商品”
C．“主营业务成本”　　D．“发出商品”

12. 不影响营业利润的项目有（　　）。

A．营业成本　　B．税金及附加
C．营业外收入　　D．管理费用和财务费用

二、多项选择题（每小题 2 分，共 20 分）

1. 属于其他业务收入的是（　　）。

A．销售库存商品收入　　B．转让生产用材料的收入
C．出租包装物的租金收入　　D．取得的捐赠收入
E．提供劳务收入

2. 有关确认收入的说法中，正确的有（　　）。

A．在视同买断方式下，委托方在交付商品时确认收入
B．在视同买断方式下，委托方在收到代销清单时确认收入
C．在收取手续费方式下，受托方按应收取的手续费确认收入
D．在收取手续费方式下，委托方在收到受托方交付的商品代销清单时确认收入
E．采用分期收款方式销售商品时，应按合同约定的本期应收价款确认销售收入

3. 企业对于发出的商品，在不能确认为收入的情况下，应按发出商品的成本计入（　　）。

A．委托代销商品　　B．发出商品
C．库存商品　　D．主营业务成本
E．受托代销商品

4. 年末应无余额的会计账户有（　　）。

A．“主营业务收入”　　B．“营业外收入”
C．“利润分配”　　D．“投资收益”
E．“生产成本”

5. 所得税核算采用应付税款法时，正确的表述有（　　）。

A．按应纳税所得额计算应交所得税
B．当期确认的所得税费用即为当期计算的应交所得税
C．按会计利润计算所得税费用

D．按会计利润计算应交所得税

E．要考虑纳税调整项目

6．“利润分配”账户的年末余额为（　　）。

A．本年累积的未分配利润　　B．本年累积的未弥补亏损

C．历年累积的未分配利润　　D．历年累积的未弥补亏损

E．由当年的本年利润结转而来

7．（　　）账户的余额，期末应结转到“本年利润”账户。

A．“其他业务收入”　　B．“营业外支出”

C．“投资收益”　　D．“所得税费用”

E．“制造费用”

8．影响企业利润表中“营业利润”的项目有（　　）。

A．主营业务收入　　B．营业外收入

C．投资收益　　D．资产减值损失

E．营业外支出

9．企业发生销售费用时，借记“销售费用”账户，贷记的账户有（　　）。

A．“库存现金”　　B．“银行存款”

C．“应付职工薪酬”　　D．“应交税费”

E．“累积折旧”

10．符合会计要素收入定义的项目有（　　）。

A．出售材料收入　　B．转让无形资产使用权收入

C．出租固定资产取得的租金　　D．向购货方收取的增值税销项税额

E．旅行团代景区收取的门票收入

三、判断题（每小题 1 分，共 13 分）

1．企业在确认商品销售收入时，要考虑将来预计可能发生的现金折扣和销售折让。（　　）

2．采用分期收款的方式，企业应按合同约定的收款日期分期确认销售收入，待最后一期货款收到后再结转全部销售成本。（　　）

3．对于在同一会计期间内开始并完成的任务，以及在不同会计期间开始并完成的劳务，均可以采用完工百分比法确认收入。（　　）

4．企业在确认商品销售收入后发生的销售退回，应在实际发生时冲减退回当月的销售收入。（　　）

5．企业的盈余公积达到该企业注册资本的 50%时，可不再提取。（　　）

6．利润分配账户为所有者权益类账户，反映企业利润的形成情况。（　　）

7．企业提供劳务时，如资产负债表日不能对交易的结果做出可靠估计，应按已经发生的劳务成本确认收入，并按相同金额结转成本。（　　）

8．企业在采用收取手续费的代销方式销售商品的情况下，应在收到代销清单时确认收入。（　　）

9．企业在销售商品时，如果商品的成本不能可靠地计量，则不能确认相关收入。（　　）

10．某工业企业为拓展销售市场所发生的业务招待费，应计入销售费用。（　　）

11．企业在确认商品销售收入后发生的销售折让，应在实际发生时计入主营业务成本。（　　）

12．企业对于跨年度的劳务，应采用完工百分比法确认收入。（　　）

13．按我国《企业会计准则》规定，销售商品收取的增值税应确认为收入。（　　）

四、实训题［第（一）题 10 分，第（二）题 33 分，共 43 分］

（一）甲公司为增值税一般纳税人企业，适用的增值税税率为 17%。3 月 1 日，向乙公司销售某商品 100 件，每件标价 2 000 元，实际售价 1 800 元（售价中不含增值税税额）。已开出增值税专用发票，商品已交付给乙公司。为了及早收回货款，甲公司在合同中规定的现金折扣条件为 2/10，1/20，*n*/30。

要求：

1．编制甲公司销售商品时的会计分录。（假定现金折扣按售价计算；“应交税费”科目要求写出明细科目及专栏名称）

2．根据以下假定，分别编制收到款项时的会计分录。

（1）乙公司在 3 月 9 日按合同规定付款，甲公司收到款项并存入银行。

（2）乙公司在 3 月 19 日按合同规定付款，甲公司收到款项并存入银行。

（3）乙公司在 3 月 29 日按合同规定付款，甲公司收到款项并存入银行。

（二）甲股份有限公司（以下简称甲公司）为增值税一般纳税人企业，其销售的产品为应纳增值税产品，适用的增值税税率为17%，产品销售价款中均不含增值税额。甲公司适用的所得税税率为25%，产品销售成本按经济业务逐项结转。

要求：根据下述业务，编制甲公司本年度经济业务事项的会计分录（“应交税费”和“利润分配”科目要求写出明细科目）。

甲公司发生如下经济业务事项：

1．销售A产品一批，产品销售价款为80 000元，产品销售成本为35 000元。产品已经发出，并开具了增值税专用发票，同时向银行办妥了托收手续。

2．收到乙公司因产品质量问题退回的B产品一批，并验收入库。甲公司用银行存款支付了退货款，并按规定向乙公司开具了红字增值税专用发票。该退货系甲公司上一年12月20日以提供现金折扣方式（折扣条件为2/10，1/20，*n*/30，折扣仅限于销售价款部分）出售给乙公司的，产品销售价款为30 000元，产品销售成本为12 000元。销售款项于上一年12月29日收到并存入银行。本期没有B产品销售（该项退货不属于资产负债表日后事项）。

3．委托丙公司代销C产品一批，并将该批产品交付丙公司。代销合同规定甲公司按售价的10%向丙公司支付手续费，该批产品的销售价款为120 000元，产品销售成本为50 000元。请编制发出商品的会计分录。

4．甲公司收到了丙公司的代销清单。丙公司已将代销的C产品全部售出，款项尚未支付给甲公司。甲公司收到代销清单时向丙公司开具了增值税专用发票，并按合同规定确认应向丙公司支付的代销手续费。

5．用银行存款支付发生的管理费用45 000元，计提坏账准备5 000元。

6．销售产品应交的城市维护建设税为3 000元，应交的教育费附加为600元。

7．计算应交所得税（假定甲公司不存在纳税调整因素）。

8．结转本年利润（甲公司年末一次性结转损益类账户）。

9．按净利润的 10%和 5%分别提取法定盈余公积和任意盈余公积。

10．按净利润的 40%向投资者分配应付利润。

11．结转利润分配各明细账户。

复习测试题（二）

（满分100分，考试时间100分钟）

一、单项选择题（每小题2分，共24分）

1．按我国《企业会计准则》规定，应确认为收入的项目有（　　）。

A．销售商品收取的增值税

B．出售飞机票时代收的保险费

C．旅行社代客户购买景点门票收取的款项

D．销售商品收取的货款

2．企业对外销售需要安装的商品时，若安装和检验属于销售合同的重要组成部分，则确认该商品销售收入的时间为（　　）。

A．发出商品时　　B．收到商品销售货款时

C．商品运抵开始安装时　　D．商品安装完毕并检验合格时

3．某企业2009年5月售出的产品于2010年6月被退回，其冲减的销售收入应在退回当期记入（　　）账户的借方。

A．“以前年度损益调整”　　B．“营业外支出”

C．“利润分配”　　D．“主营业务收入”

4．下列项目中，按照现行会计准则的规定，销售企业应当作为财务费用处理的是（　　）。

A．销售方发生的销售折让　　B．销售方发生的商业折扣

C．购货方获得的现金折扣　　D．购货方放弃的现金折扣

5．以下项目中，（　　）可以不列入纳税人的应纳所得税的收入总额中。

A．国库券利息收入　　B．租赁收入

C．生产经营收入　　D．财产转让收入

6．可采用完工百分比法确认收入的项目是（　　）。

A．分期收款销售商品

B．委托代销商品

C．在同一会计年度开始并完成的劳务

D．跨越一个会计年度才能完成，且交易结果能够可靠估计的劳务

7．企业收到的违约者交付的违约金应计入（　　）。

A．其他业务收入　　B．营业外收入

C．营业外支出　　D．投资收益

8．企业银行存款的利息收入应贷记的账户是（　　）。

A．“财务费用”　　B．“其他业务收入”

C．“营业外收入”　　D．“投资收益”

9．企业发生的年度经营亏损，按规定可用下一年度的税前利润弥补，下一年度利润不足弥补的，可延续弥补，其延续弥补期最长不得超过（　　）年。

A．2　　B．3

C．4　　D．5

10．某企业会计税前利润800 000元，其中：投资收益中的国债利息收入50 000元，营业外支出中的公益性捐赠支出20 000元，税收滞纳金10 000元。该企业的应纳税所得额应是（　　）元。

A．850 000　　B．750 000

C．780 000　　D．760 000

11．技术转让收入应记入的账户是（　　）。

A．“主营业务收入”　　B．“营业外收入”

C．“投资收益”　　D．“其他业务收入”

12．企业采用分期收款的方式销售商品一批，确认销售收入实现的日期应是（　　）。

A．交付商品日　　B．实际收到货款日

C．签订销售合同日　　D．销售合同约定收款日

二、多项选择题（每小题2分，共20分）

1．属于财务费用开支的项目有（　　）。

A．利息支出　　B．汇兑净损失

C．审计费　　D．利息收入

E．金融机构手续费

2．下列项目中，应列入“营业外支出”账户的有（　　）。

A．固定资产盘亏净损失　　B．季节性停工损失

C．拨付企业医疗机构的医疗经费　　D．公益性捐赠

E．非常损失

3．“营业外收入”核算的内容包括（　　）。

A．无法支付的应付账款　　B．处置固定资产净收益

C．出售无形资产净收益　　D．捐赠收入

E．罚款收入

4．企业的利润包括（　　）

A．营业利润　　B．利润总额

C．净利润　　D．所得税

E．主营业务利润

5．企业可以采取（　　）方法弥补亏损。

A．税前利润　　B．资本公积

C．税后利润　　D．净利润

E．盈余公积

6．下列应计入“管理费用”核算的有（　　）。

A．待业保险费　　B．离休人员的医药费

C．土地使用税　　D．开办费摊销

E．劳动保护费

7．企业发生的收入，通常表现为（　　）。

A．资产增加　　B．负债增加

C．负债减少　　D．所有者权益增加

E．所有者权益减少

8．期末应结转到“本年利润”账户的项目有（　　）。

A．营业外收入　　B．投资收益

C．营业外支出　　D．营业利润

E．所得税费用

9．不作为销售商品处理的项目有（　　）。

A．包装物的销售　　B．以商品进行投资

C．企业将产品捐赠给希望工程　　D．非常缺失

E．用于集体福利或个人消费

10．可以列入利润表“税金及附加”项目的有（　　）。

A．城市维护建设税　　B．增值税

C．消费税　　D．教育费附加

E．所得税

三、判断题（每小题 1 分，共 13 分）

1．收入只包括本企业经济利益的流入。（　　）

2．直接分配法是将各种生产费用直接分配给辅助生产以外的各受益单位。（　　）

3．企业本年度发生亏损，可任意选择税前利润、盈余公积或税后利润弥补亏损。（　　）

4．无论是税前利润，还是税后利润弥补亏损，在会计上都无须做专门的会计分录。（　　）

5．企业提供劳务时，如资产负债表日不能对交易的结果做出可靠估计，应按已经发生的劳务成本确认收入，并按相同金额结转成本。（　　）

6．企业在采用收取手续费的代销方式销售商品的情况下，应在收到代销清单时确认收入。（　　）

7．如果某企业在 2010 年年度末将“本年利润”账户的余额 2 000 万元，结转到“利润分配——未分配利润”账户，则在未发生记账等方面错误的情况下，该企业 2010 年年度利润表中的净利润也应为 2 000 万元。（　　）

8．企业在销售商品时，如果商品的成本不能可靠地计量，则不能确认相关收入。（　　）

9．企业在确认商品销售收入后发生的销售折让，应在实际发生时计入主营业务成本。（　　）

10．企业对于跨年度的劳务，应采用完工百分比法确认收入。（　　）

11．按我国《企业会计准则》的规定，销售商品收取的增值税应确认为收入。（　　）

12．在委托代销的情况下，无论是视同买断，还是收取手续费方式，委托方均应在收到代销清单时确认收入。（　　）

13．企业发生的消费税都通过“税金及附加”账户核算。（　　）

四、综合实务题（共 43 分）

宏达企业为增值税一般纳税人企业，从 2010 年 12 月 1 日开始营业。生产销售的甲、乙两种产品均为应纳增值税产品，其中乙产品还应交纳消费税。该企业产品成本按实际成本计价核算，产品售价为不含增值税的价格，甲产品单位售价 500 元，单位成本 250 元；乙产品单位售价 400 元，单位成本 200 元。

该企业有关税率分别为：增值税税率为 17%，消费税税率为 8%，所得税税率为 25%。为了简化计算，产品的销售成本于月末一次计算结转，销售退回的产品直接从本月的销售数量中扣除。

该企业 2011 年 2 月份发生下列经济业务：

（1）3 日，采用托收承付结算方式销售甲产品 100 件，用银行存款代垫运杂费 2 000 元，产品已发出，开出增值税专用发票，并向银行办妥托收手续。

（2）5 日，采用商业汇票结算方式销售乙产品 200 件，产品已经发出，开出增值税专用发票，收到购货单位签发并承兑的商业承兑汇票。企业在销售乙产品时，还领用不单独计价的包装物一批，其实际成本为 1 350 元。

（3）10 日，采用预收款方式销售甲产品，预收货款 14 625 元，款项已经存入银行。

（4）15 日，本月销售的甲产品 50 件因质量问题发生退货。购货单位交来税务机关开具的进货退出证明单，该批产品的原价款为 25 000 元，增值税额为 4 250 元，企业用银行存款支付退回产品的货款及增值税额。退回产品已验收入库。

（5）20 日，向某单位转让一项专利技术的所有权，转让的收入 20 000 元存入银行，该项专利技术的账面余额为 18 000 元，累计摊销 3 000 元。

（6）22 日，用银行存款支付广告费 5 000 元。

（7）31 日，发出预收款销售的甲商品 25 件。

（8）31 日，计算并结转产品销售成本。

（9）31 日，计算并结转本月销售产品应交的消费税，同时结转本月销售产品应交的城市维护建设税 2 600 元，应交的教育费附加 1 400 元。

其他有关资料如下：

（1）本月共发生管理费用 4 500 元，财务费用 5 500 元。

（2）本月共取得投资收益 60 000 元，其中国库券利息收入 20 000 元，公司债券利息收入 40 000 元。

（3）本月实际计入成本费用的工资为 80 000 元，税务机关核定的月计税工资为 70 000 元。

（4）本月取得营业外收入 30 000 元（含转让无形资产专利技术处置利得 5 000 元），发生营业外支出 20 000 元。其中非常损失 10 000 元（假定不考虑转出的增值税额），非公益性捐赠支出 5 000 元，固定资产清理损失 5 000 元。

要求：

1. 根据上述资料业务编制会计分录（“应交税费”科目下应列出明细科目及专栏名称）。

2. 计算该企业 2010 年 12 月份利润表中下列项目的“本期金额”。（要求列出计算过程）

营业利润=

利润总额=

所得税费用=

净利润=

复习测试题（三）

（满分100分，考试时间100分钟）

一、单项选择题（每小题2分，共24分）

1．下列属于企业其他业务收入的是（　　）。

A．罚款收入　　B．出售固定资产收入
C．出租无形资产收入　　D．出售无形资产收入

2．下列应计入财务费用的是（　　）。

A．销售退回　　B．商业折扣
C．销售折让　　D．现金折扣

3．下列属于企业主营业务收入的是（　　）。

A．出售固定资产收入　　B．出租无形资产收入
C．提供工业性劳务收入　　D．出租固定资产收入

4．下列不属于费用的项目的是（　　）。

A．销售人员工资　　B．劳动保险费
C．董事会费　　D．待摊费用

5．下列各项应计入其他业务成本的是（　　）。

A．经营租出固定资产折旧　　B．库存商品盘亏净损失
C．火灾导致原材料毁损净损失　　D．向灾区捐赠的商品成本

6．下列不影响企业营业利润的项目是（　　）。

A．劳务收入　　B．商品销售收入
C．固定资产租金收入　　D．罚款收入

7．某企业5月销售商品发生商业折扣20万元，现金折扣15万元，销售折让25万元。该企业上述业务计入当月财务费用的金额为（　　）万元。

A．20　　B．15
C．45　　D．35

8．下列属于生产成本在完工产品和在产品之间分配方法的是（　　）。

A．计划分配法　　B．约当产量法
C．直接分配法　　D．交互分批法

9．下列以实际缴纳的增值税作为计税依据的是（　　）。

A．印花税　　B．个人所得税
C．城市维护建设　　D．企业所得税

10．企业采用支付手续费方式委托代销商品，委托方确认商品销售收入的时间是（　　）。

A．收到代销清单时　　B．签订代销协议时
C．发出商品时　　D．收到代销款时

11．关于利润，错误的说法是（　　）。

A．利润项目应当列入利润表
B．利润是指企业在一定会计期间的经营成果
C．利润金额只取决于收入和费用的计量，而不涉及利得或者损失金额的计量
D．直接计入当期利润的利得和损失，是指应当计入当期损益、会导致所有者权益发生增减变动的、与所有者投入资本或者向所有者分配利润无关的利得或者损失。

12．某企业营业利润为110万元，管理费用为15万元，投资收益为30万元，营业外收支净额为30万元，则该企业本期利润总额为（　　）万元。

A．155　　B．170
C．80　　D．140

二、多项选择题（每小题2分，共20分）

1．收入按形成来源可分为（　　）。

A．让渡资产使用权收入　　B．销售商品收入
C．提供劳务收入　　D．其他业务收入
E．主营业务收入

2．下列应计入管理费用的有（　　）。

A．业务招待费　　B．广告费
C．自用无形资产摊销　　D．矿产资源补偿费
E．工会经费

3．组成企业的利润总额的因素包括（　　）。

A．营业外收入　　B．营业利润
C．营业外支出　　D．投资收益
E．净利润

4．企业销售商品交纳的下列各项税费，计入税金及附加的有（　　）。

A．教育费附加　　B．增值税
C．消费税　　D．城市维护建设税
E．矿产资源补偿税

5．下列费用中，应计入产品成本的有（　　）。

A．技术转让费　　B．直接材料
C．劳动保护费　　D．直接人工
E．制造费用

6．下列符合收入的会计要素定义的有（　　）。

A．出售固定资产收取的价款　　B．出售原材料收取的价款
C．提供劳务收取的价款　　D．出租固定资产收取的租金
E．补贴收入

7．企业的亏损可以用（　　）弥补。

A．资本公积　　B．税后利润

C．税前利润　　D．盈余公积

E．实收资本

8．下列会计账户中，年末结转后应无余额的有（　　）。

A．“本年利润”　　B．“营业外收入”

C．“利润分配”　　D．“主营业务收入”

E．“资本公积”

9．下列各项中，最终应计入产品成本的有（　　）。

A．采购人员的差旅费　　B．车间的水电费

C．生产工人工资　　D．离退休人员的工资

E．直接材料支出

10．属于纳税调整额项目的有（　　）。

A．国债利息收入　　B．超过税法规定标准的业务招待费支出

C．税收滞纳金　　D．捐赠利得

E．违规罚款支出

三、判断题（每小题 1 分，共 13 分）

1．当与某项收入相关的成本不能可靠计量时，该项收入不能确认。（　　）

2．企业取得收入和发生费用，最终会导致所有者权益发生变化。（　　）

3．任何时候发生销售退回，都应冲减退回当月的销售收入，如已结转成本的，还应冲减退回当月的销售成本。（　　）

4．企业出售无形资产取得的收入在“其他业务收入”账户核算。（　　）

5．企业为拓展销售市场而发生的业务招待费，应计入销售费用。（　　）

6．约当产量是指将月末在产品数量按照完工程度折算成的相当于完工产品的产量。（　　）

7．企业将自产的货物用于对外投资，应视同销售处理。（　　）

8．企业在确定销售商品收入的金额时，不应考虑现金折扣、销售折让。（　　）

9．无论是税前利润，还是税后利润弥补亏损，在会计上都无须做专门的会计处理。（　　）

10．企业生产过程发生的所有支出均构成该企业的费用。（　　）

11．企业应纳税所得额等于本年利润总额乘以适用的所得税税率。（　　）

12．企业的盈余公积达到注册资本的 50%时，可不再提取。（　　）

13．当年盈利，则年度终了结账时，应按盈利金额借记“利润分配——未分配利润”，贷记“本年利润”。（　　）

四、计算分析题（共 8 分）

某企业 2016 年年初“利润分配——未分配利润”的借方余额 15 万元（2014 年所发生的亏损），本年实现利润总额 100 万元，本年发生如下业务：①取得国库券利息收入 3 万元；②取得公司债券利息收入 6 万元；③因违反税法规定支付罚款 3.5 万元；④管理费用中含有超标准的业务招待费 3 万元和差旅费支出 1.5 万元。该企业适用 25%的所得税税率。

要求：（1）计算该企业应纳税所得额和应纳所得税额。

（2）编制计算应交所得税和结转所得税的会计分录。

五、实训题（共 35 分）

红星股份公司（以下简称公司）为增值税一般纳税人企业，其销售的产品为应纳增值税产品，适用的增值税税率为 17%，产品销售价款中均不含增值税额。公司适用的所得税税率为 25%。产品销售成本按经济业务逐项结转。

2016 年，公司发生如下经济业务事项：

（1）销售 A 产品一批，产品销售价款为 100 000 元，产品销售成本为 25 000 元。产品已经发出，并开具了增值税专用发票，同时向银行办妥了托收手续。

（2）收到乙公司因产品质量问题退回的 B 产品一批，并验收入库。公司用银行存款支付了退货款，并按规定向乙公司开具了红字增值税专用发票。该退货系公司 2015 年 12 月 20 日以提供现金折扣方式（折扣条件为 2/10、1/20，*n*/30，折扣仅限于销售价款部分）出售给乙公司的，产品销售价款为 30 000 元，产品销售成本为 7 500 元。销售款项于 12 月 29 日收到并存入银行（该项退货不属于资产负债表日后事项）。

（3）公司销售 C 产品一批，该批产品的销售价款为 50 000 元，产品销售成本为 5 000 元，商品已发出，但尚未确认销售收入，纳税义务也未发生。

（4）上述销售的 C 产品满足了收入的确认条件，公司确认销售收入，款项尚未收到。

（5）用银行存款支付发生的管理费用 7 000 元和广告费 4 600 元，计提坏账准备 3 500 元。

（6）销售产品应交的城市维护建设税为 3 200 元，应交的教育费附加为 800 元。

（7）计算应交所得税（假定公司不存在纳税调整因素）。

（8）结转本年利润（公司年末一次性结转损益类科目）。

要求：

1．根据上述业务，编制公司2016年度经济业务事项的会计分录（“应交税费”科目要求写出明细科目）。

2．计算公司2016年度的主营业务收入、主营业务成本、营业利润和利润总额、净利润。（要求列出计算过程）

主营业务收入=

主营业务成本=

营业利润=

利润总额=

净利润=

第十章　财务报表

复习测试题

（满分100分，考试时间100分钟）

一、单项选择题（每小题2分，共24分）

1. 甲工业企业期末“原材料”账户余额为100万元，“生产成本”为70万元，“材料成本差异”账户贷方余额为5万元，“库存商品”账户余额为150万元，“工程物资”账户余额为200万元，则甲工业企业期末资产负债表中“存货”项目的金额为（　　）万元。

A. 245　　B. 315
C. 325　　D. 515

2. 应在利润表中的“税金及附加”项目反映的是（　　）。

A. 车船税　　B. 城市维护建设税
C. 印花税　　D. 房产税

3. 某企业期末“工程物资”账户的余额为100万元，“发出商品”账户的余额为50万元，“原材料”账户的余额为60万元，“材料成本差异”账户的贷方余额为5万元。假定不考虑其他因素，该企业资产负债表中“存货”项目的金额为（　　）万元。

A. 105　　B. 115
C. 205　　D. 215

4. 某企业年末“应收账款”账户贷方余额为600万元，其中。“应收账款”所属明细账的借方余额为800万元，贷方余额为200万元。年末计提坏账准备后的“坏账准备”账户余额为15万元。假定不考虑其他应收款计提坏账准备因素，该企业年末资产负债表中“应收账款”项目的金额为（　　）万元。

A. 585　　B. 600
C. 785　　D. 800

5. 在资产负债表中，可根据有关总账余额直接填列的是（　　）。

A. 货币资金　　B. 应收票据
C. 存货　　D. 应收账款

6. “应收账款”所属明细账中若有贷方余额，应将其计入资产负债表中的（　　）项目。

A. 应收账款　　B. 预收账款
C. 应付账款　　D. 其他应付款

7. 不属于会计报表主表的是（　　）。

A. 资产负债表　　B. 利润表
C. 利润分配表　　D. 现金流量表

8. 利润表通常按利润总额的计算过程，分以下三步计算编制，即（　　）。

A. ①主营业务收入　②主营业务利润　③利润总额
B. ①毛利　②营业利润　③利润总额
C. ①主营业务利润　②营业利润　③利润总额
D. ①营业收入　②营业利润　③利润总额

9. 在资产负债表中，金额不可能在报表中使用“—”号的是（　　）。

A. 应付职工薪酬　　B. 应交税费
C. 未分配利润　　D. 投资收益

10. 在编制资产负债表时，不应列入“存货”项目的是（　　）。

A. 生产成本　　B. 一年内到期的长期投资
C. 出租给外单位包装物　　D. 低值易耗品

11. 属于资产负债表中流动负债项目的是（　　）。

A. 长期借款　　B. 长期应付款
C. 应付股利　　D. 应付债券

12. 在资产负债表中，只需要根据某一个总分类账的账户就能填列的项目是（　　）。

A. 应收账款　　B. 短期借款
C. 预付账款　　D. 预收账款

二、多项选择题（每小题2分，共20分）

1. 应在资产负债表“预付账款”项目中反映的有（　　）。

A. “应付账款”所属明细账的借方余额　　B. “应付账款”所属明细账的贷方余额
C. “预付账款”所属明细账的借方余额　　D. “应收账款”所属明细账的贷方余额
E. “预付账款”所属明细账的贷方余额

2. 应在资产负债表“应付账款”项目中反映的有（　　）。

A. “应付账款”所属明细账的借方余额　　B. “应付账款”所属明细账的贷方余额
C. “预付账款”所属明细账的借方余额　　D. “预付账款”所属明细账的贷方余额
E. “应收账款”所属明细账的贷方余额

3. 资产负债表中的“应收账款”项目应根据（　　）填列。

A. “应收账款”所属明细账的贷方余额　　B. “预收账款”所属明细账的贷方余额
C. “预收账款”所属明细账的借方余额　　D. “应收账款”所属明细账的借方余额
E. “坏账准备”的贷方余额

4. 按照现行企业会计准则的规定，在资产负债表中应作为“存货”项目列示的有（　　）。

A. 生产成本　　B. 在途物资
C. 制造费用　　D. 委托代销商品
E. 材料成本差异

5. 资产负债表中的预收账款项目应根据（　　）填列。

A. “应收账款”所属明细账的贷方余额

B.“预付账款”所属明细账的贷方余额

C.“应付账款”的总账余额

D.“预收账款”所属明细账的贷方余额

E.“预收账款”所属明细账的借方余额

6. 资产负债表的数据来源，可以通过（ ）方式取得。

A. 根据总账的期末余额直接填列　B. 根据总账的账户余额分析计算填列

C. 根据明细账的余额计算填列　D. 根据总账和明细账的余额分析计算填列

E. 根据明细账与明细账的余额分析计算填列

7. 资产负债表的货币资金项目包括（ ）。

A. 库存现金　B. 银行存款

C. 应收票据　D. 其他货币资金

E. 短期投资

8. 在资产负债表中，应根据有关账户余额减去其备抵项目的净额填列的有（ ）。

A. 货币资金　B. 固定资产

C. 无形资产　D. 应收账款

E. 长期借款

9. 下列各项中，可以通过资产负债表反映的有（ ）。

A. 某一时点的财务状况　B. 某一时点的偿债能力

C. 某一时期的经营成果　D. 某一期间的获利能力

E. 某一时点的账户期末余额

10. 在资产负债表中，应根据明细账户的余额分析填列的项目有（ ）。

A. 长期借款　B. 预收账款

C. 应收账款　D. 应付账款

E. 预付账款

三、判断题（每小题1分，共13分）

1. 企业的利润分配表中，可供分配的利润减去应付利润应等于未分配利润。（ ）

2. 企业采用出包方式建造固定资产时，按合同规定向建造承包商预付的款项，应在资产负债表中列示为流动资产。（ ）

3. 企业对资产负债表中的所有资产都拥有所有权。（ ）

4. 资产负债表是反映企业一定时期经营成果的报表。（ ）

5. 企业资产负债表中的“应收票据”不包括已贴现的商业汇票。（ ）

6. 编制资产负债表时，“预收账款”所属有关明细账若有借方余额，应将其合并在“应收账款”项目内填列。（ ）

7. 盈余公积可转增资本，也可用于弥补亏损。（ ）

8. 凡是存放在本企业的物资都是该企业的存货。（ ）

9. 企业以前年度未分配的利润，可以并入本年度提取盈余公积。（ ）

10. 当“固定资产清理”期末余额在贷方，编制资产负债表时，该项目应填正数。（ ）

11. 资产负债表的资产总计等于负债和所有者权益总计。（ ）

12. 利润表中的净利润等于利润总额减去所得税。（ ）

13. 会计报表提供的信息仅对外部的投资者和债权人有用。（ ）

四、实训题［第（一）题15分，第（二）题28分，共43分］

（一）大渝公司属于工业企业，为增值税一般纳税人，适用17%的增值税税率，售价中不含增值税。商品销售时，同时结转成本。2016年11月30日损益类有关账户的余额如下表所示。

损益类账户累计发生额

单位：万元

账户名称	借方发生额	账户名称	贷方发生额
主营业务成本	65	主营业务收入	165
其他业务成本	15	其他业务收入	20
税金及附加	15	投资收益	22
销售费用	34	营业外收入	30
管理费用	21		
财务费用	22		
营业外支出	20		

2016年12月份公司发生如下经济业务：

（1）销售商品一批，增值税专用发票上注明的售价150万元，增值税25.5万元，款项已收到并存入银行。该批商品实际成本为60万元。

（2）本月发生应付工资175万元，其中生产工人工资130万元，车间管理人员工资12万元，厂部管理人员工资15万元，专设销售机构人员工资18万元。

（3）本月摊销自用无形资产成本5万元。

（4）本月应交城市维护建设税3.5万元，教育费附加0.5万元。

（5）该公司适用所得税税率为25%。假定该公司本年无纳税调整事项。

要求：

1. 编制公司2016年12月份业务（1）至业务（4）相关的会计分录。

2．编制公司 2016 年度利润表。

3．编制公司 2016 年应交所得税的会计分录。（“应交税费”科目要求写出明细科目及专栏名称）

（二）渝都公司 2016 年 12 月 31 日有关总账余额如下表所示。

总账余额表

单位：元

总账名称	借方余额	总账名称	借方余额
库存现金	3 000	坏账准备	300
银行存款	15 300	材料成本差异	10 000
应收账款	60 000	累计折旧	46 000
预付账款	10 000	短期借款	100 000
其他应收款	6 000	应付账款	55 000
原材料	110 000	应付利息	20 000
库存商品	70 000	长期借款	210 000
固定资产	350 000	实收资本	250 000
长期股权投资	160 000	资本公积	53 000
		盈余公积	40 000
合计	784 300	合计	784 300

2017 年 1 月本企业发生如下经济业务：

（1）从 A 企业购进原材料 30 000 元，增值税 5 100 元，用预付账款抵付（该企业预付账款期初数均为与 A 企业购货发生），不足部分尚未支付。本企业为增值税一般纳税人。

（2）上述购进材料已验收入库，计划成本为 32 000 元。

（3）上期已核销的应收账款又收回 5 000 元。

（4）本期提取固定资产折旧 20 000 元（计入管理费用）。

（5）取得商品销售收入 100 000 元，增值税为 17 000 元，款项已存入银行。销售成本为收入的 70%。（不考虑城市维护建设税和教育费附加）

（6）以银行存款支付当期的短期借款应付利息 20 000 元。

（7）本期归还长期借款 70 000 元。

（8）本月预交所得税 10 000 元（要求通过“所得税费用”“应交税费”科目核算）。

注：未归还的长期借款中 2014 年 5 月 1 日借入 40 000 元，期限 3 年；2015 年 9 月 1 日借入 100 000 元，期限 5 年。

要求：

1．根据上述经济业务编制会计分录。

2．编制该公司2017年1月31日的资产负债表。

资产负债表

会企01表

编制单位：渝都公司　　2017年1月　　单位：元

资产	期末余额	年初余额	负债和所有者权益	期末余额	年初余额
流动资产：			流动负债：		
货币资金			短期借款		
交易性金融资产			交易性金融负债		
应收票据			应付票据		
应收账款			应付账款		
预付账款			预收账款		
应收利息			应付职工薪酬		
应收股利			应交税费		
其他应收款			应付利息		
存货			应付股利		
一年内到期的非流动资产			其他应付款		
其他流动资产			一年内到期的非流动负债		
流动资产合计			其他流动负债		
非流动资产：			流动负债合计		
可供出售金融资产			非流动负债：		
长期应收款			长期借款		
长期股权投资			应付债券		
固定资产			长期应付款		
在建工程			非流动负债合计		
工程物资			负债合计		
固定资产清理			所有者权益：		
无形资产			实收资本		
开发支出			资本公积		
商誉			盈余公积		
长期待摊费用			未分配利润		
非流动资产合计			所有者权益合计		
资产总计			负债和所有者权益总计		

参考答案及解析

第一章 概 述

复习测试题

一、单项选择题

1.【正确答案】A

【答案解析】会计主体是指企业财务工作为之服务的特定组织和单位，是企业会计确认、计量和报告的空间范围。

2.【正确答案】C

【答案解析】会计分期规定了会计核算的时间范围，它是企业分期反映经营活动和总结经营成果的前提。

3.【正确答案】D

【答案解析】当经济业务的发生对企业的财务状况和损益影响甚微时，可以用简单的方法和程序进行核算；反之，当经济业务的发生对企业的财务状况和损益影响很大时，就应当严格按照规定的会计方法和程序进行核算。

4.【正确答案】C

【答案解析】重要性原则是指企业提供的会计信息应当反映与企业财务状况、经营成果和现金流量等有关的所有重要交易或者事项。

5.【正确答案】C

【答案解析】对各项资产应按经济业务的实际交易价格计量，而不考虑随后市场价格变动的影响，其所遵循的会计核算原则是历史成本原则。

6.【正确答案】B

【答案解析】谨慎性原则又称稳健性原则，是指企业对交易或者事项进行会计确认、计量和报告应当保持应有的谨慎，不应高估资产或者收益、低估负债或者费用。

7.【正确答案】B

【答案解析】体现谨慎性要求的常见事项主要有：①计提各项资产减值准备；②计提产品质量保证；③在物价持续下降的情况下，发出存货采用先进先出法计价；④固定资产采用加速折旧方法计提折旧；⑤企业内部研究开发项目研究阶段的支出，应当于发生时计入当期损益；⑥递延所得税。

8.【正确答案】C

【答案解析】按照及时性原则的要求，企业5月发生的经济业务应当在5月入账。

9.【正确答案】C

【答案解析】根据《行政单位会计制度》（财预字[1998]49号）第十七条的规定，会计核算以收付实现制为基础。行政单位会计采用的会计基础是收付实现制，企业单位会计采用的会计基础是权责发生制。

10.【正确答案】C

【答案解析】会计分期是指将会计主体持续经营的生产活动划分为若干连续的前后相接、间距相等的会计期间，以便分期进行企业财务会计核算。

11.【正确答案】C

【答案解析】资金运动是从货币资金形态开始又回到货币资金的过程，即货币资金—储备资金—生产资金—成品资金—结算资金—货币资金。

12.【正确答案】A

【答案解析】对融资租入的固定资产，从法律形式上来看，该资产是属于出租人的资产；从经济实质上来看，承租人对该资产能够实施控制，所以承租人将以融资租赁方式租入的资产视为企业的资产进行核算和管理。

13.【正确答案】B

【答案解析】持续经营，是指在可以预见的将来，会计主体将会按当前的规模和状态持续经营下去，不会停业，也不会大规模削减业务。即在可预见的未来，该会计主体不会破产清算，所持有的资产将正常营运，所负有的债务将正常偿还。

14.【正确答案】A

【答案解析】会计分期是按公历起讫日期确定的。

15.【正确答案】B

【答案解析】租入固定资产改良支出应计入长期待摊费用；购买土地使用权支出应计入无形资产；在建工程人员工资支出应计入在建工程，以上均属于资本性支出。企业销售人员工资支出应计入销售费用，属于收益性支出。

16.【正确答案】B

【答案解析】用来划分各会计期间收入和费用的原则是权责发生制，其他选项均和划分各会计期间收入和费用无关。

17.【正确答案】C

【答案解析】可理解性要求企业提供的会计信息应当清晰明了，便于使用者理解和使用。

18.【正确答案】A

【答案解析】可比性要求企业的会计核算方法前后各期应当保持一致，不得随意变更。如有必要变更，应当将变更的内容和理由、变更的累积影响数，以及累积影响数不能合理确定的理由等，在会计报表附注中予以披露。因此只有A选项符合可比性的要求。

19.【正确答案】B

【答案解析】企业进行会计确认、计量和报告行为应遵循的规范是《企业会计准则》，它是我国处理会计具体业务的标准规范。

20.【正确答案】D

【答案解析】我国《企业会计准则》明确规定，企业在进行会计核算时，都必须统一采用借贷记账法。

二、多项选择题

1.【正确答案】BCD

【答案解析】会计核算的基本前提也就是会计的基本假设，包括货币计量、持续经营、会计主体、会计分期。

2.【正确答案】ABCDE

【答案解析】会计主体是指企业会计确认、计量和报告的空间范围。在会计主体假设下，企业应当对其本身发生的交易或事项进行会计确认、计量和报告，反映企业本身所从事的各项生产经营活动。会计主体不同于法律主体。一般来讲，法律主体必然是一个会计主体，但会计主体不一定是法律主体。

3.【正确答案】ABCD

【答案解析】按照我国《企业会计准则》规定，会计期间分为年度、半年度、季度和月度。

4.【正确答案】ABE

【答案解析】体现谨慎性要求的常见事项主要有：①计提各项资产减值准备；②计提产品质量保证；③在物价持续下降的情况下，发出存货采用先进先出法计价；④固定资产采用加速折旧方法计提折旧；⑤企业内部研究开发项目研究阶段的支出，应当于发生时计入当期损益；⑥递延所得税；⑦销售企业对其销售产品实行“质量三包”。

5.【正确答案】ABDE

【答案解析】《企业会计准则》规定了会计核算的一般原则有客观性、可比性、一贯性原则，相关性、及时性、可理解性、可靠性、实质重于形式、谨慎性、重要性原则，权责发生制原则、配比原则、历史成本原则、划分收益性支出和资本性支出原则。

6.【正确答案】ABC

【答案解析】企业资金投入的主要途径除投资者投入资本以外，还有企业获得的银行信贷资金以及企业在业务经营过程中所形成的各种负债资金。D、E答案属于资金退出。

7.【正确答案】ABDE

【答案解析】ABDE都是符合我国《企业会计准则》的基本要求。C选项不正确是因为我国企业会计核算应当使用中文，但在民族自治地区，企业财务会计也可以同时使用当地通用的一种民族文字；外商投资企业的财务会计记录可以同时使用一种外国文字。

8.【正确答案】BCD

【答案解析】缴纳税费、归还银行借款和分配利润属于资金退出。购买原材料属于资金的循环和周转。

9.【正确答案】ABCE

【答案解析】企业财务会计信息的使用者包括投资者、债权人、政府机关、职工和供应商，D选项的债务人不是企业财务会计信息的使用者。

10.【正确答案】ACDE

【答案解析】会计核算方法包括七种基本核算方法，即设置会计科目（设置账户）、复式记账、填制和审核凭证、登记账簿、成本核算、财产清查、编制会计报表。B选项“编制会计分录”只是复式记账法的具体运用。

三、判断题

1.【正确答案】×

【答案解析】业务收支以人民币以外的货币为主的企业也可选用一种外币作为记账本位币，但编制报表时一定要折合成人民币。

2.【正确答案】√

【答案解析】实质重于形式的原则是指企业应当按照交易或事项的经济实质进行会计核算，而不应当仅仅以它们的法律形式作为会计核算的依据。

3.【正确答案】×

【答案解析】会计核算的基本前提是持续经营、货币计量等，并非其缺乏客观性及人们无法对其进行证明，而是有些会计原则需要会计核算的基本前提。

4.【正确答案】√

【答案解析】会计主体不一定是一个法律主体，例如一个企业可以根据具体情况，确定一个或若干个会计主体，作为会计核算的基础。

5.【正确答案】×

【答案解析】谨慎性原则又称稳健性原则，是指企业对交易或者事项进行会计确认、计量和报告时应当保持应有的谨慎，不应高估资产或者收益，低估负债或者费用。

6.【正确答案】×

【答案解析】根据《行政单位会计制度》第十七条的规定，会计核算以收付实现制为基础。行政单位会计采用的会计基础是收付实现制，企业单位会计采用的会计基础是权责发生制。

7.【正确答案】×

【答案解析】会计主体是指企业财务会计工作为之服务的特定组织和单位，是企业确认、计量和报告的空间范围。企业法人一定是会计主体，但并不是所有的会计主体都是企业法人。

8.【正确答案】×

【答案解析】一般说来法律主体必然是一个会计主体，但是会计主体不一定是法律主体。

9.【正确答案】×

【答案解析】在会计核算的一般原则中，要求会计核算应当以实际发生的经济业务为依据的原则是客观性（或真实性）原则。

10.【正确答案】√

【答案解析】这是我国《企业会计制度》中会计核算的基本前提中货币计量的具体规定。

11.【正确答案】√

【答案解析】按照历史成本原则计价，一旦入账，不得随意调整账面价值。

12.【正确答案】×

【答案解析】企业财务会计记录的文字应当使用中文。

13.【正确答案】√

【答案解析】会计的发展是经济发展的必然产物，经济越发展，会计越重要。

14.【正确答案】√

【答案解析】企业应纳税所得额的计算，应以权责发生制为原则。权责发生制要求，属于当期的收入和费用，不论款项是否收付，均作为当期的收入和费用；不属于当期的收入和费用，即使款项已经在当期收付，均不作为当期的收入和费用。

四、计算题

【正确答案】

业务序号	收付实现制		权责发生制	
	收入	费用	收入	费用
（1）	20 000		20 000	
（2）	4 000			
（3）			12 000	
（4）		3 200		3 200
（5）		1 200		
（6）	10 000			
（7）			150 000	
（8）				2 000
（9）		120 000		10 000
（10）		6 000		
合计	34 000	130 400	182 000	15 200
本月损益	−96 400		166 800	

第二章　货 币 资 金

复习测试题

一、单项选择题

1.【正确答案】D

【答案解析】企业将款项委托开户银行汇往采购地银行，开立采购专户是外埠存款，属于其他货币资金。

2.【正确答案】D

【答案解析】略

3.【正确答案】C

【答案解析】支票的起点金额为100元。

4.【正确答案】A

【答案解析】略

5.【正确答案】C

【答案解析】A选项适合银行存款的清查，BD选项属于盘存制度，不属于盘存方法。

6.【正确答案】C

【答案解析】略

7.【正确答案】C

【答案解析】属于无法查明原因的现金短缺应计入管理费用。

8.【正确答案】D

【答案解析】略

9.【正确答案】C

【答案解析】银行结算方式中，只适合同城结算的有支票和银行本票。

10.【正确答案】B

【答案解析】转账支票支付表示银行存款减少，因此会计分录应记为：贷：银行存款。

11.【正确答案】B

【答案解析】现金实存数大于账存数的差额表示盘盈，属于现金长款。

12.【正确答案】B

【答案解析】略

二、多项选择题

1.【正确答案】ACDE

【答案解析】其他货币资金包括外埠存款、银行汇票存款、银行本票存款、信用卡存款、信用证保证金存款，不包括银行存款。

2.【正确答案】BC

【答案解析】略

3.【正确答案】ABDE

【答案解析】企业是不能签发空头支票的，银行本票和银行汇票均要将款项存入申请银行才能取得；外埠存款是企业到外地进行临时或零星采购时，汇往外地银行开立采购专户的款项；商业汇票具有最长不超过6个月的付款期限。

4.【正确答案】ABDE

【答案解析】C选项只适用于同城结算的方式。

5.【正确答案】ABCD

【答案解析】库存现金限额应由开户银行确定。

6.【正确答案】ABCE

【答案解析】购买材料的金额超过1 000元。

7.【正确答案】ABCDE

【答案解析】货币资金包括库存现金、银行存款和其他货币资金三部分，CDE选项都属于其他货币资金。

8.【正确答案】AD

【答案解析】企业已入账，银行未入账的款项，BE选项是企业和银行都入账了，C选项表述不对称。

9.【正确答案】ABDE

【答案解析】转账支票、现金支票用“银行存款”账户核算；银行本票、银行汇票用“其他货币资金”账户核算；商业汇票用“应收票据”或“应付票据”账户核算。

10.【正确答案】ABCDE

【答案解析】未达账项是由于原始凭证的传递时间差产生一方已入账，而另一方未入账款项，如果没有其他原因，经调整后的银行存款余额调节表应该相等，而漏记和错记不属于未达账项内容。

三、判断题

1.【正确答案】√

【答案解析】无法查明原因的现金溢余记入“管理费用”账户。

2.【正确答案】√

【答案解析】略

3.【正确答案】×

【答案解析】现金支票用“银行存款”账户核算。

4.【正确答案】×

【答案解析】企业一般存款账户不能办理现金支取。

5.【正确答案】√

【答案解析】略

6.【正确答案】√

【答案解析】略

7.【正确答案】×

【答案解析】汇兑结算没有起点金额限制。

8.【正确答案】×

【答案解析】应贷记“其他货币资金”账户。

9.【正确答案】√

【答案解析】略

10.【正确答案】√

【答案解析】略

11.【正确答案】√

【答案解析】略

12.【正确答案】×

【答案解析】记入“其他货币资金”账户。

13.【正确答案】√

【答案解析】商业承兑汇票承兑人是付款人，银行承兑汇票承兑人是申请开户行。

四、制表题

【正确答案】

银行存款余额调节表

2015 年 9 月 30 日　　　　单位：元

项目	金额	项目	金额
企业银行存款日记账余额	110 000	银行对账单余额	130 200
加：银行已收，企业未收	15 000	加：企业已收，银行未收	4 000
减：银行已付，企业未付	1 600	减：企业已付，银行未付	12 800
	2 000		
调节后的存款余额	121 400	调节后的存款余额	121 400

五、业务题

1.【正确答案】

借：其他货币资金——信用证保证金存款　1 600

　　贷：银行存款　1 600

2.【正确答案】

借：其他应收款——李华　2 000

　　贷：库存现金　2 000

3.【正确答案】

借：银行存款　82 000

　　贷：应收账款——乙公司　82 000

4.【正确答案】

借：应付账款——丙公司　23 000

　　贷：银行存款　23 000

5.【正确答案】

借：待处理财产损溢——待处理流动资产损溢　50

　　贷：库存现金　50

6.【正确答案】

借：其他应收款——章余　300

　　贷：待处理财产损溢——待处理流动资产损溢　300

7.【正确答案】

借：待处理财产损溢——待处理流动资产损溢　400

　　贷：营业外收入　400

8.【正确答案】

借：银行存款　15 000

　　贷：应收账款——A 公司　15 000

9.【正确答案】

借：其他货币资金——银行汇票存款　50 000

　　贷：银行存款　50 000

10.【正确答案】

借：待处理财产损溢——待处理流动资产损溢　3 000

　　贷：其他应付款——长虹公司　3 000

11.【正确答案】

借：原材料——B 材料　3 490

　　应交税费——应交增值税（进项税额）　510

　　贷：其他货币资金——银行本票存款　4 000

12.【正确答案】

借：银行存款　350

　　贷：其他货币资金——银行汇票存款　350

13.【正确答案】

借：在途物资——大华公司（C 材料）　　4 000

　　应交税费——应交增值税（进项税额）　　680

　　贷：其他货币资金　　3 000

　　　　银行存款　　1 680

第三章　应收及预付款项

复习测试题（一）

一、单项选择题

1.【正确答案】D

【答案解析】应收票据是指企业在采用商业汇票结算方式下，因发生销售商品、材料等交易而收到的商业汇票。商业汇票按其承兑人不同可分为商业承兑汇票和银行承兑汇票；按其是否带息分为带息商业汇票和不带息商业汇票。

2.【正确答案】C

【答案解析】超过承兑期收不回的应收票据，应直接转作应收账款。

3.【正确答案】B

【答案解析】按照计算汇票到期日方法，计算到期日时，到期日无相同日期即为月末。如见票日为2015年1月31日，则见票后一个月付款的汇票到期日为2015年2月28日。

4.【正确答案】B

【答案解析】期限90天，则分别是7月份为31−1＝30（天），8月份31天，90−30−31＝29（天），因此到期日为9月29日。

5.【正确答案】C

【答案解析】销售方发生的销售折让，销售方应冲减主营业务收入、主营业务成本和相关税金等；销售方发生的商业折扣，销售方无须进行账务处理；购货方获得的现金折扣，销售方应作为财务费用处理；购货方放弃的现金折扣，销售方无须进行账务处理。

6.【正确答案】A

【答案解析】在计算应收账款入账金额时，应直接扣除给予的商业折扣，而现金折扣是在收款时作为财务费用计入当期损益，因此，应收账款入账金额＝10 000×(1−20%)×(1＋17%)＋200＝9 560元。

7.【正确答案】D

【答案解析】拨出用于投资的款项通过“其他货币资金”核算。

8.【正确答案】D

【答案解析】“坏账准备”在期末结账前如为借方余额，其反映的内容是已确认的坏账损失超出已提取坏账准备的差额。“坏账准备”期末贷方余额，反映企业已计提但尚未转销的坏账准备。

9.【正确答案】D

【答案解析】企业提取坏账准备的是“应收账款”和“其他应收款”，选项A为“应收账款”，BC选项为“其他应收款”，D选项通过“银行存款”或“其他货币资金”进行核算。

10.【正确答案】B

【答案解析】票据到期值＝本金＋利息＝本金×(1＋利率×期限)＝50 000×10%×$\frac{90}{360}$＝1250元。

11.【正确答案】A

【答案解析】期末，企业对带息应收票据计提利息时，正确的会计处理是借记“应收票据”账户，贷记“财务费用”账户。

12.【正确答案】A

【答案解析】不带息票据到期价值应等于票面价值。

二、多项选择题

1.【正确答案】CD

【答案解析】我国的应收票据包括商业承兑汇票和银行承兑汇票。

2.【正确答案】BC

【答案解析】在我国，需要提取坏账准备的是应收账款和其他应收款。

3.【正确答案】ABCDE

【答案解析】应收款项符合下列条件之一的，可以确认为坏账：因债务人破产或死亡，以其破产财产或遗产清偿后仍然无法收回；因债务单位撤销、资不抵债或现金流量严重不足，确定不能收回；因发生严重的自然灾害等导致债务单位停产而在短时间内无法偿付债务，确实无法收回；因债务人逾期未履行其偿债义务超过3年，经查实确实无法收回。

4.【正确答案】BD

【答案解析】根据我国有关规定，企业只能对应收账款和其他应收款计提坏账准备。对应收票据和预付账款不计提坏账准备。如有确凿证据表明应收票据（或预付账款）无法收回，应先将其转为应收账款（或其他应收款）后，再计提相应的坏账准备。

5.【正确答案】AD

【答案解析】处理坏账损失的方法有直接转销法和备抵法。

6.【正确答案】ABDE

【答案解析】其他应收款是指企业除应收票据、应收账款、预付账款以外的其他各种应收、暂付款项，包括：①应收的各种赔款、罚款；②应收出租包装物的押金；③应向职工收取的各种垫付款项；④备用金（向企业各职能科室、车间等拨出的备用金）；⑤存出保证金，如租入包装物支付的押金；⑥预付账款转入；⑦其他各种应收、暂付款项。以上均应通过“其他应收款”核算。C选项应通过“预付账款”核算。

7.【正确答案】AD

【答案解析】在现金折扣条件下，应收账款的计价方法有总价法和净价法。

8.【正确答案】BC

【答案解析】进行预付款核算时，可以运用的账户主要是“预付账款”，对于“预付账款”不多的企业，也可以不设置“预付账款”账户，直接记入“应付账款”账户进行核算。

9.【正确答案】CD

【答案解析】提取的坏账准备和收回以前已确认为坏账并转销的应收账款，应在“坏账准备”账户的贷方反映；发生的坏账损失、冲销的坏账准备和债务重组冲减的应收账款计提的坏账准备，应在“坏账准备”账户的借方反映。

10.【正确答案】AE

【答案解析】应收账款的入账价值包括应向购货单位收取的购买商品、材料等账款；代垫的包装费、运杂费等；销售货物应收取的增值税销项税额；销售货物给予购货方的现金折扣应于收款时计入财务费用；销售货物发生的商业折扣在计算应收账款时直接扣除，因此不计入应收账款的入账价值。

三、判断题

1.【正确答案】×

【答案解析】根据我国有关规定，企业只能对应收账款和其他应收款计提坏账准备。对应收票据和预付账款不计提坏账准备。如有确凿证据表明应收票据（或预付账款）无法收回，应先将其转为应收账款（或其他应收款）后，再计提相应的坏账准备。

2.【正确答案】×

【答案解析】带息票据的到期值等于应收票据的面值加到期利息。

3.【正确答案】×

【答案解析】应收账款是企业因销售商品、材料以及提供劳务等经营活动所形成的债务。

4.【正确答案】√

【答案解析】企业计提坏账准备的方法由企业自行确定，但是坏账准备计提方法一经确定，不得随意变更，如需变更，应在会计报表附注中予以说明。

5.【正确答案】×

【答案解析】现金折扣是债权人为鼓励债务人在规定期限内付款而向其提供的债务扣除。

6.【正确答案】√

【答案解析】将销售方给予客户的现金折扣，在收到款项时视为融资的财务费用。

7.【正确答案】√

【答案解析】采用备抵法核算坏账损失，需设置“坏账准备”及“资产减值损失”账户进行核算。

8.【正确答案】×

【答案解析】企业计提坏账准备的方法由企业自行确定，但是坏账准备计提方法一经确定，不得随意变更，如需变更，应在会计报表附注中予以说明。

9.【正确答案】×

【答案解析】采用总价法核算现金折扣时，应收账款应按销售收入金额确认，现金折扣应包括在内，现金折扣只有在收款时作为“财务费用”处理。

10.【正确答案】√

【答案解析】本期期末“坏账准备”账户贷方余额＝本期应收账款的期末余额×估计坏账百分比。

11.【正确答案】√

【答案解析】企业对于确实无法收回的应收款项，经批准作为坏账损失，冲销提取的坏账准备，借记“坏账准备”账户，贷记“应收账款”“其他应收款”等账户。

12.【正确答案】×

【答案解析】企业在销售商品的过程中，代购货单位垫付的包装费、运杂费应计入应收账款。

13.【正确答案】√

【答案解析】题目即是贴现的正确释义。

四、计算题

1.【正确答案】

（1）票据到期值＝50 000＋50 000×12%×$\frac{6}{12}$＝53 000（元）

（2）贴现期＝6−3＝3（个月）

（3）贴现利息＝53 000×10%×$\frac{3}{12}$＝1 325（元）

（4）贴现净额＝53 000−1 325＝51 675（元）

2.【正确答案】

（1）甲公司应收账款＝100 000＋17 000＋3 000＝120 000（元）

（2）甲公司应收账款＝100 000×(1−2%)＋17 000＋3 000＝118 000（元）

（3）甲公司应收账款＝120 000（元）

五、业务题

【正确答案】

（1）2009年年末坏账准备应有余额＝1 600 000×2%＝32 000（元）

应补提的坏账准备＝32 000−2 000＝30 000（元）

借：资产减值损失——计提坏账准备　　30 000

　　贷：坏账准备　　30 000（1 600 000×2%−2 000）

（2）2010年相关账务处理（每个会计分录4分）

1）借：银行存款　　230 000

　　　　财务费用　　4 000（20 000×2%）

　　　　贷：应收账款——C 公司　　234 000

2）借：应收账款　　77 500

　　　　贷：坏账准备　　77 500

　　借：银行存款　　77 500

　　　　贷：应收账款　　77 500

3）借：坏账准备　　58 500

　　贷：应收账款——B公司　　58 500

4）借：应收账款——D公司　　175 500

　　贷：主营业务收入　　150 000

　　　　应交税费——交增值税（销项税额）　　25 500

5）2010年年末“应收账款”账户余额＝1 600 000＋175 500−234 000−58 500＝1 483 000（元），提取前“坏账准备”账户余额＝32 000＋77 500−58 500＝51 000（元），所以本期应计提的坏账准备为1 483 000×2%−51 000＝−21 340（元）。

借：坏账准备　　21 340

　　贷：资产减值损失——计提坏账准备　　21 340

复习测试题（二）

一、单项选择题

1.【正确答案】A

【答案解析】企业计提的坏账准备，应借记“资产减值损失——计提坏账准备”，贷记“坏账准备”。

2.【正确答案】B

【答案解析】企业年末应提坏账准备金＝1 000 000×0.5%−3 000＝2 000（元），因此应补提2 000元。

3.【正确答案】C

【答案解析】因为1月15日至2月10日，已经超过最低优惠期间20天，对方企业应该全额付款，因此应收账款为11 700元。

4.【正确答案】A

【答案解析】备用金的目的是减少核算工作量，借支备用金一般都通过“其他应收款”账户核算，按借款金额，借记“其他应收款——（借款人）”，贷记“库存现金、银行存款”等账户。

5.【正确答案】A

【答案解析】带息应收票据应于期末（即中期期末和年度终了）按应收票据的面值和票面利率计提利息，增加应收票据的账余额，应借记“应收票据”，贷记“财务费用”。

6.【正确答案】B

【答案解析】“预付账款”账户核算的是企业的购货业务，预付货款不多的企业，可以将预付的货款直接记入“应付账款”账户的借方。

7.【正确答案】C

【答案解析】在采用总价法确认应收账款入账金额的情况下，销售方应将其给予客户的现金折扣冲减当期“财务费用”。

8.【正确答案】A

【答案解析】A选项过去已确认并转销的坏账，应借记“应收账款”，贷记“坏账准备”；B选项确认坏账损失，应借记“坏账准备”，贷记“应收账款”；C选项转销无法支付的应付账款，应借记“应付账款”，贷记“营业外收入”；D选项冲销多提的坏账准备，应借记“坏账准备”，贷记“资产减值损失”。因此正确答案为A。

9.【正确答案】D

【答案解析】票据的持有是从8月20日到10月5日，共计11＋30＋5＝46（天），贴现日数为90-46＝44（天）。

10.【正确答案】A

【答案解析】过去已确认并转销的坏账又收回，应借记“应收账款”，贷记“坏账准备”。

11.【正确答案】D

【答案解析】票据到期值＝10 000×(1＋10%×6/12)＝10 500（元）

票据贴现息＝10 500×12%×5/12＝525（元）

票据贴现净额＝10 500-525＝9 975（元）

12.【正确答案】D

【答案解析】其他应收款是指企业除应收票据、应收账款、预付账款以外的其他各种应收、暂付款项，包括：①应收的各种赔款、罚款；②应收出租包装物的押金；③应向职工收取的各种垫付款项；④备用金（向企业各职能科室、车间等拨出的备用金）；⑤存出保证金，如租入包装物支付的押金；⑥预付账款转入；⑦其他各种应收、暂付款项。以上均应通过“其他应收款”核算。D选项应通过“应收账款”核算。

二、多项选择题

1.【正确答案】ABCD

【答案解析】坏账估计的方法有账龄分析法、应收款项余额百分比法、销货百分比法和个别认定法。

2.【正确答案】BCDE

【答案解析】应收款项符合下列条件之一的，可以确认为坏账：因债务人破产或死亡，以其破产财产或遗产清偿后仍然无法收回；因债务单位撤销、资不抵债或现金流量严重不足，确定不能收回；因发生严重的自然灾害等导致债务单位停产而在短时间内无法偿付债务，确实无法收回；因债务人逾期未履行其偿债义务超过3年，经查实确实无法收回。

3.【正确答案】AC

【答案解析】坏账损失的核算方法有两种：一是直接转销法；二是备抵法。

4.【正确答案】ABCE

【答案解析】应收账款的入账价值包括应向购货单位购买商品、材料等账款；代垫的包装费、运杂费等；销售货物应收取的销项税额。D选项销售货物发生的商业折扣在计算应收账款时直接扣除，不计入应收账款入账价值，因此正确答案为ABCE。

5.【正确答案】ABCD

【答案解析】贴现所得＝票据到期值-贴现利息

贴现利息＝票据到期值×贴现利率×贴现期

贴现期（票据贴现天数）＝票据期限-企业已持有票据期限

6.【正确答案】BDE

【答案解析】银行本票和银行汇票是通过“其他货币资金”账户核算的，银行支票是通过“银行存款”账户核算的。

7.【正确答案】ABCDE

【答案解析】应收账款账面价值＝应收账款账面余额−坏账准备，A选项“收回应收账款”，则应收账款的账面余额减少；B选项“收回已转销的坏账”，则坏账准备金额增加而应收账款的账面价值增加；C选项“计提坏账准备”，坏账准备金额增加，应收账款的账面价值减少；D选项“结转到期不能收回的应收票据”，将应收票据余额转入应收账款，则应收账款的账面价值增加；E选项“因销售发生应收账款”，则应收账款的账面余额增加，故正确答案为ABCDE。

8.【正确答案】ABCE

【答案解析】选项D通过“应收账款”账户核算。

9.【正确答案】BCE

【答案解析】根据我国有关规定，企业只能对应收账款和其他应收款计提坏账准备。对应收票据和预付账款不计提坏账准备。如有确凿证据表明应收票据（或预付账款）无法收回，应先将其转为应收账款（或其他应收款）后，再计提相应的坏账准备。

10.【正确答案】ABCD

【答案解析】E选项中，核算企业因销售业务产生的往来款项，应记入“应收账款”或“预收账款”。

三、判断题

1.【正确答案】√

【答案解析】现行《企业会计准则》规定，企业计提坏账准备的方法由企业自行决定。企业既可以采用直接转销法，也可以采用备抵法核算坏账损失。具体采用哪种方法，企业可以自行确定，并且一经确定不得随意变更。

2.【正确答案】×

【答案解析】应收账款的入账金额应扣除商业折扣；在有现金折扣的情况下，企业应按总价法入账，实际发生现金折扣，作为当期财务费用，计入发生当期损益。

3.【正确答案】×

【答案解析】票据贴现时是有贴现利息的，若其利息高于银行贴息，那贴现所得就会大于票据面值。

4.【正确答案】√

【答案解析】不带息票据的到期值就等于应收票据的面值。

5.【正确答案】×

【答案解析】应收账款账面余额指的是应收账款账户在总账里的期末余额，应收账款账面价值是指应收账款账面余额减去备抵（坏账准备）以后的差额，也是应收账款的账面净额，二者之间的关系也可以用公式表示：应收账款账面价值＝应收账款账面余额−坏账准备余额。

6.【正确答案】√

【答案解析】题目即为“应收票据”的正确概念。

7.【正确答案】×

【答案解析】贴现期是指从贴现日至票据到期日的天数。

8.【正确答案】×

【答案解析】按《企业会计制度》规定，企业销货并附有现金折扣条件的应收账款应按总价法核算。

9.【正确答案】×

【答案解析】将带追索权的票据向银行贴现时，应将“应收票据”转入“短期借款”。

10.【正确答案】√

【答案解析】现金折扣是债权人为鼓励债务人在规定期限内付款而向其提供的债务折扣，是加速资金回笼的一种手段。

11.【正确答案】×

【答案解析】企业因材料销售的应收款项应通过“应收账款”账户核算。

12.【正确答案】×

【答案解析】“资产减值损失”账户属于损益类账户。

13.【正确答案】×

【答案解析】已确认为坏账的应收账款，并不意味着企业放弃了其追索权，一旦重新收回，应及时入账。

四、业务题

1.【正确答案】

		借方	贷方
（1）	借：其他应收款——李××	2 000	
	贷：库存现金		2 000
（2）	借：管理费用	1 500	
	库存现金	500	
	贷：其他应收款——李××		2 000
（3）	借：银行存款	73 000	
	财务费用	7 000	
	贷：应收票据		80 000
（4）	借：其他应收款——包装物押金	2 000	
	贷：银行存款		2 000
（5）	借：应收账款——A 公司	30 000	
	贷：应收票据——A 公司		30 000
（6）	借：其他应收款——职工医药费	5 000	
	贷：银行存款		5 000

2.【正确答案】

（1）借：应收账款——B 客户　　19 890

贷：主营业务收入　　17 000（20 000×85%）

应交税费——应交增值税（销项税额）　　2 890

（2）借：银行存款	19 890	
贷：应收账款——B 客户		19 890
（3）借：坏账准备	5 000	
贷：应收账款——C 客户		5 000
（4）借：应收账款——C 客户	5 000	
贷：坏账准备		5 000
借：银行存款	5 000	
贷：应收账款——C 客户		5 000
（5）借：预付账款	30 000	
贷：银行存款		30 000
（6）借：原材料	40 000	
应交税费——应交增值税（进项税额）	6 800	
贷：预付账款		46 800
借：预付账款	16 800	
贷：银行存款		16 800

第四章　存　　货

复习测试题（一）

一、单项选择题

1.【正确答案】A

【答案解析】略

2.【正确答案】A

【答案解析】限额领料单是一种在规定领用限期内多次使用的凭证。适用于有消耗定额并经常领用的材料。

3.【正确答案】B

【答案解析】外购材料的采购成本包括买价和采购费用，采购费用包括运杂费、运输途中的合理损耗、入库前的挑选整理费用，而不包括入库后的挑选整理费用。

4.【正确答案】D

【答案解析】出借包装物领用时计入销售费用，报废残值应冲减销售费用。

5.【正确答案】A

【答案解析】略

6.【正确答案】D

【答案解析】材料成本差异＝实际成本-计划成本＝10000-11×990＝-890（元）。

7.【正确答案】C

【答案解析】为了配合“在建工程”核算，而设置“工程物资”账户。“在建工程”账户用来核算企业为基建工程、更新改造工程和大修理工程准备的各种物资的实际成本。

8.【正确答案】B

【答案解析】略

9.【正确答案】B

【答案解析】收取出租包装物的押金是要退还的，属于企业的一项负债，贷记“其他应付款”。

10.【正确答案】D

【答案解析】“委托加工物资”的借方余额表示尚未完工的委托加工物资的实际成本。

11.【正确答案】B

【答案解析】短缺或损耗均记入“待处理财产损溢”账户借方，在计划成本计价法下从“材料采购”账户转出。

12.【正确答案】D

【答案解析】小规模纳税人增值税不能抵扣的，应计入材料成本，因此企业取得材料的入账价值＝10＋1.7＋0.1＝11.8（万元）。

二、多项选择题

1.【正确答案】ABCE

【答案解析】原材料是指企业在生产过程中经加工改变其形态或性质并构成产品实体的各种原料及主要材料、辅助材料、外购半成品、修理用备件、包装材料、燃料等。

2.【正确答案】BC

【答案解析】略

3.【正确答案】ACD

【答案解析】B选项“在途物资”是材料在实际成本法下设置的账户。

4.【正确答案】CDE

【答案解析】“材料成本差异”账户贷方登记入库材料的节约差异、发出材料应承担的超支差异（用蓝字）、发出材料负担的节约差异（用红字）。

5.【正确答案】AC

【答案解析】略

6.【正确答案】ABCDE

【答案解析】库存商品包括库存产成品、外购商品、存放在门市部准备出售的商品、发出展览的商品、寄存在外的商品，来料加工制造的代制品和为外单位加工修理的代修品完工验收入库后，视为企业的产成品。

7.【正确答案】ACE

【答案解析】存货成本包括采购成本、加工成本和其他成本三个组成部分。

8.【正确答案】BCD

【答案解析】略

9.【正确答案】ABC

【答案解析】自行加工的是A材料，则借方记入“原材料”账户，由于采用计划成本计价法核算，因此产生材料成本差异可能超支、可能节约、可能相等，所以正确答案为ABC。

10.【正确答案】AE

【答案解析】库存现金和银行存款属于货币资金，而非存货。

三、判断题

1.【正确答案】×

【答案解析】存货成本包括采购成本、加工成本和其他成本。

2.【正确答案】√

【答案解析】当一次购买一种物资时，采购费用无须进行采购费用的分配，直接计入采购物资的成本。

3.【正确答案】×

【答案解析】期末按暂估价入账，下月初冲回。

4.【正确答案】×

【答案解析】是否属于企业的存货，第一看其目的和用途；第二看所有权是否属于企业。

5.【正确答案】×

【答案解析】先进先出法在物价下降时会使结存材料的成本接近现实的成本水平。

6.【正确答案】×

【答案解析】发出材料应负担的材料成本差异，不论是超支差异还是节约差异，均应列入“材料成本差异”账户贷方。

7.【正确答案】√

【答案解析】略

8.【正确答案】×

【答案解析】委托加工物资有可能是加工的原材料、库存商品、低值易耗品等。

9.【正确答案】√

【答案解析】略

10.【正确答案】×

【答案解析】按计划成本计价法核算，原材料账户借方、贷方均登记原材料的计划成本。

11.【正确答案】×

【答案解析】销售商品时出租包装物的成本计入其他业务成本。

12.【正确答案】×

【答案解析】铁丝属于企业的存货。

13.【正确答案】×

【答案解析】结转完工产品成本应贷记“生产成本”。

四、计算题

【正确答案】

（1）原材料的材料成本差异率＝(期初材料成本差异＋本期收入材料成本差异)÷(期初材料计划成本＋本期收入材料计划成本)

＝[4 000＋(1 000×100＋2 000−1 000×110)]÷(300 000＋1 000×110)

＝(4 000−8 000)÷(300 000＋110 000)

≈−0.98%

（2）发出材料的成本差异率≈0.98%。

（3）发出原材料应承担的差异额＝900×110×(−0.98%)＝970.20（元）。

（4）发出原材料的实际成本＝900×110−970.20＝98 029.80（元）。

五、业务题

1.【正确答案】

科目	借方	贷方
借：材料采购——A 材料	206 300	
应交税费——应交增值税（进项税额）	34 000	
贷：银行存款		240 300

2.【正确答案】

科目	借方	贷方
借：管理费用	600	
贷：周转材料——低值易耗品		600

3.【正确答案】

科目	借方	贷方
借：其他业务成本	2 000	
贷：周转材料——包装物		2 000

4.【正确答案】

科目	借方	贷方
借：原材料——A 材料	80 000	
材料成本差异	500	
贷：材料采购——A 材料		80 500

5.【正确答案】

科目	借方	贷方
借：应付账款——弘扬公司	40 000	
贷：银行存款		40 000

6.【正确答案】

科目	借方	贷方
借：委托加工物资——工具	49 500	
贷：原材料		50 000
材料成本差异		500（方框）

7.【正确答案】

科目	借方	贷方
借：周转材料——低值易耗品（在用）	20 000	
贷：周转材料——低值易耗品（在库）		20 000

领用时摊销50%价值：

科目	借方	贷方
借：制造费用	10 000	
贷：周转材料——低值易耗品（摊销）		10 000

8.【正确答案】

不含税收入＝含税收入÷(1＋17%)

＝500÷1.17≈427.35（元）

增值税＝500−427.35＝72.65（元）

科目	借方	贷方
借：银行存款	500	
贷：其他业务收入		427.35
应交税费——应交增值税（销项税额）		72.65

9.【正确答案】

借：生产成本——基本生产成品（甲产品）　　5 000

　　贷：原材料　　5 000

10.【正确答案】

借：原材料——甲材料　　57 820

　　材料成本差异——甲材料　　2 680

　　贷：材料采购——甲材料　　60 500

11.【正确答案】

借：在途物资——B 材料　　50 700

　　应交税费——应交增值税（进项税额）　　8 500

　　贷：银行存款　　59 200

12.【正确答案】

暂不做账务处理。

13.【正确答案】

已销甲产品成本＝200×300＋9 800×305＝3 049 000（元）

借：主营业务成本——甲产品　　3 049 000

　　贷：库存商品——甲产品　　3 049 000

复习测试题（二）

一、单项选择题

1.【正确答案】B

【答案解析】在计划成本计价法下，购入材料的实际成本记入“材料采购”账户的借方。

2.【正确答案】C

【答案解析】略

3.【正确答案】B

【答案解析】略

4.【正确答案】B

【答案解析】材料成本差异率＝（2 000＋4 000）÷（100 000＋200 000）＝0.02

本月结存材料的计划成本＝100 000＋200 000-160 000＝140 000（元）

本月结存材料实际成本＝结存材料的计划成本＋结存材料分摊的差异＝140 000＋140 000×0.02＝142 800（元）

5.【正确答案】A

【答案解析】略

6.【正确答案】C

【答案解析】ABD选项都属于一次原始凭证。

7.【正确答案】D

【答案解析】生产领用包装物构成成本实体应计入生产成本。

8.【正确答案】C

【答案解析】限额领料单适用于经常领用并有消耗定额的材料。

9.【正确答案】D

【答案解析】A选项入库前的挑选整理费用才能计入外购存货的成本，B选项应计入管理费用，C选项应计入应交税费——应交增值税（进项税额）。

10.【正确答案】A

【答案解析】自然灾害造成的盘亏净损失计入营业外支出。

11.【正确答案】C

【答案解析】“材料采购”账户应在计划成本计价法下设置。

12.【正确答案】A

【答案解析】BC选项适用于企业领用低值易耗品数量多，价值较大的情况，D不属于低值易耗品的摊销方法。

二、多项选择题

1.【正确答案】BCDE

【答案解析】委托加工物资的实际成本包括拨付加工物资的实际成本、支付的往返运费、支付的加工费、交纳的相关税费。

2.【正确答案】ACDE

【答案解析】ACD选项均属于包装物，应在“周转材料”账户中核算，B选项属于原材料，E选项属于低值易耗品，应在“周转材料”账户中核算。因此选ACDE。

3.【正确答案】ABC

【答案解析】一般经营损失造成盘亏计入管理费用，过失人赔偿计入其他应收款、非常损耗造成净损失计入营业外支出。

4.【正确答案】AD

【答案解析】BC选项应计入销售费用。

5.【正确答案】ACE

【答案解析】略

6.【正确答案】ABC

【答案解析】DE是固定资产折旧的计算方法。

7.【正确答案】ACDE

【答案解析】加权平均单价＝(期初存货结存余额＋本期收入存货金额)÷(期初存货结存数量＋本期收入存货数量)。

8.【正确答案】ABCDE

【答案解析】A选项表示材料已入库，款项用银行存款支付；B选项表示材料已入库，款项未付；C选项表示材料未入库，款项采用商业汇票结算；D选项表示材料未入库，款项用其他货币资金支付；E选项表示在途物资已到达，并验收入库。

9.【正确答案】ABCE

【答案解析】略

10.【正确答案】ABDE

【答案解析】C选项“库存存货”是按存货的存放地点不同分类的，故不选C。

三、判断题

1.【正确答案】×

【答案解析】存货属于企业的流动资产。

2.【正确答案】×

【答案解析】加权平均法下发出存货成本是按发出材料数量×加权平均单价计算的，而不是按购买时的单位成本计算的。

3.【正确答案】√

【答案解析】略

4.【正确答案】×

【答案解析】存货清查的目的是保证账实相符。

5.【正确答案】√

【答案解析】略

6.【正确答案】×

【答案解析】盘亏的存货，根据不同原因可能计入营业外支出、管理费用、其他应收款等。

7.【正确答案】×

【答案解析】该方法不适合存货收发频繁的企业，因其发出成本分辨的工作量较大。

8.【正确答案】√

【答案解析】略

9.【正确答案】√

【答案解析】略

10.【正确答案】×

【答案解析】盘盈的存货，经批准后可冲减管理费用。

11.【正确答案】×

【答案解析】在产品不是完工产品，不能用于出售。

12.【正确答案】×

【答案解析】要根据委托加工的物资是什么来确定，如果委托加工的是材料，则计入原材料，如果委托加工的是包装物，则应计入周转材料。

13.【正确答案】√

【答案解析】略

四、计算题

【正确答案】

发出A材料的实际成本＝200×10＋160×11＝3 760（元）

月末A材料的结存成本＝(300−160)×11＋50×12＋60×15＋100×13＝4 340（元）

五、业务题

1.【正确答案】

借：委托加工物资——香烟　　900

　贷：银行存款　　900

2.【正确答案】

借：原材料——B 材料　　4 100

　应交税费——应交增值税（进项税额）　　680

　贷：其他货币资金——银行汇票存款　　4 780

3.【正确答案】

借：银行存款　　3 000

　贷：其他应付款——押金　　3 000

4.【正确答案】

借：生产成本——基本生产成本（甲产品）　　44 440

　制造费用——基本生产车间　　1 010

　管理费用　　2 020

　销售费用　　3 030

　贷：原材料——B 材料　　50 000

　　材料成本差异——B 材料　　500

5.【正确答案】

借：材料采购——A 材料　　5 000

　应交税费——应交增值税（进项税额）　　850

　贷：预付账款——弘扬公司　　5 850

6.【正确答案】

借：原材料——B 材料　　25 000

　贷：应付账款——暂估价　　25 000

7.【正确答案】

借：生产成本——基本生产成本（甲产品）　　350 000

　　——基本生产成本（乙产品）　　235 000

　制造费用——基本生产车间　　5 000

　管理费用　　2 000

　在建工程　　8 000

　贷：原材料——B 材料　　600 000

8.【正确答案】

借：在途物资——甲材料　　781 000

　应交税费——应交增值税（进项税额）　　132 600

　贷：应付票据　　913 600

9.【正确答案】

借：其他应收款——章三　　300

　贷：待处理财产损溢——待处理流动资产损溢　　300

10.【正确答案】

借：银行存款　1 200

　贷：销售费用　1 200

11.【正确答案】

借：原材料——残料　100

　管理费用　500

　贷：待处理财产损溢——待处理流动资产损溢　600

12.【正确答案】

借：委托加工物资——A 材料　5 000

　应交税费——应交增值税（进项税额）　850

　贷：银行存款　5 850

13.【正确答案】

借：应收账款——弘扬公司　2 500

　其他应收款——运输公司　500

　贷：待处理财产损溢——待处理流动资产损溢　3 000

复习测试题（三）

一、单项选择题

1.【正确答案】D

【答案解析】略

2.【正确答案】C

【答案解析】

加权平均单价＝（1000×100＋2 000×110＋3 000×120＋4 000×100）÷（1 000＋2 000＋3 000＋4 000）

＝1 080 000÷10 000＝108（元）。

3.【正确答案】C

【答案解析】借：原材料

　贷：制造费用

4.【正确答案】A

【答案解析】略

5.【正确答案】A

【答案解析】车间领用包装物时计入生产成本，报废时冲减相应的成本。

6.【正确答案】C

【答案解析】小规模纳税人增值税应计入成本3 400元，供货方代垫运杂费800元应由购货方承担，入库后整理费不应计入成本，途中合理损耗包括在20 000元的价款中，不应再加。

故材料采购成本＝20 000＋3 400＋800＝24 200（元）。

7.【正确答案】B

【答案解析】投资者投入存货的成本，应当按照投资合同或协议约定的价值确定，但合同或协议约定价值不公允的除外。

8.【正确答案】B

【答案解析】本管理用具价值较大，使用时间超过一年，故计入固定资产。

9.【正确答案】D

【答案解析】仓库储存、保管产品的包装物根据价值大小，可能属于低值易耗品或固定资产。

10.【正确答案】B

【答案解析】委托加工物资的实际成本应包括拨付加工物资的实际成本、支付的往返运费、支付的加工费、交纳的相关费用。

11.【正确答案】A

【答案解析】每次发出存货的价值按先购进的先发出来计算发出存货的实际成本。

12.【正确答案】B

【答案解析】一般纳税人购进货物或接受应税劳务取得的增值税发票上注明的增值税额允许抵扣。

二、多项选择题

1.【正确答案】ABCE

【答案解析】一般纳税人购进货时取得增值税发票上注明的税金记入“应交税费——应交增值税（进项税额）”账户。

2.【正确答案】ABD

【答案解析】C选项在途物资在实际成本法下使用，E选项工程物资不属于企业存货。

3.【正确答案】BE

【答案解析】“材料成本差异”借方记入库材料的超支差异，贷方记入库材料的节约差异；发出材料承担的超支和节约差异均记入贷方，超支用蓝字表示，节约用红字表示。

4.【正确答案】AD

【答案解析】略

5.【正确答案】ABCD

【答案解析】包装物不包括各种一次性包装材料，如纸、铁丝、绳等；用于储存保管商品、材料而不对外出售的包装容器；自制包装物以销售为目的的。

6.【正确答案】ABE

【答案解析】略

7.【正确答案】ACD

【答案解析】生产领用的包装物借记“生产成本”；随同产品销售、出租的包装物借记“其他业务成本”；随同产品销售、出借包装物借记“销售费用”。

8.【正确答案】AC

【答案解析】略

9.【正确答案】ABCDE

【答案解析】略

10.【正确答案】ABCD

【答案解析】委托加工应税消费品加工后继续加工，而支付给受托方代收代缴的消费税应借记“应交税费——应交消费税”。

三、判断题

1.【正确答案】×

【答案解析】存货的成本包括采购成本、加工成本和其他成本三个组成部分。接受投资者投入的存货成本属于存货的其他成本。

2.【正确答案】×

【答案解析】“在途物资”账户是材料按实际成本计价核算时设置的。

3.【正确答案】√

【答案解析】略

4.【正确答案】×

【答案解析】“材料成本差异”账户借方登记的是入库材料实际成本与计划成本的超支差额。

5.【正确答案】×

【答案解析】采购材料过程中发生的合理损耗应计入材料的采购成本。

6.【正确答案】×

【答案解析】企业生产用于出售的包装袋属于库存商品。

7.【正确答案】√

【答案解析】略

8.【正确答案】×

【答案解析】车间领用包装物应贷记“周转材料”账户。

9.【正确答案】√

【答案解析】略

10.【正确答案】×

【答案解析】限额领料单是累计原始凭证。

11.【正确答案】√

【答案解析】略

12.【正确答案】×

【答案解析】存放在门市部准备出售的商品属于企业的存货。

13.【正确答案】×

【答案解析】委托加工企业向受托方支付的增值税应借记“应交税费——应交增值税（进项税额）”账户。

四、计算题

【正确答案】

（1）

<table>
<tr><th colspan="2">年</th><th rowspan="3">摘要</th><th colspan="3">本月收入</th><th rowspan="3">差异分配率</th><th colspan="3">本月发出</th><th colspan="3">月末结存</th></tr>
<tr><th rowspan="2">月</th><th rowspan="2">日</th><th rowspan="2">计划成本</th><th colspan="2">成本差异</th><th rowspan="2">计划成本</th><th colspan="2">成本差异</th><th rowspan="2">计划成本</th><th colspan="2">成本差异</th></tr>
<tr><th>超支</th><th>节约</th><th>超支</th><th>节约</th><th>超支</th><th>节约</th></tr>
<tr><td>3</td><td>1</td><td>期初余额</td><td></td><td></td><td></td><td></td><td></td><td></td><td></td><td>300</td><td>20</td><td></td></tr>
<tr><td>3</td><td>2</td><td>购入材料</td><td>500</td><td>30</td><td></td><td></td><td></td><td></td><td></td><td></td><td></td><td></td></tr>
<tr><td>3</td><td>8</td><td>购入材料</td><td>900</td><td></td><td>50</td><td></td><td></td><td></td><td></td><td></td><td></td><td></td></tr>
<tr><td>3</td><td>10</td><td>发出材料</td><td></td><td></td><td></td><td></td><td>600</td><td></td><td></td><td></td><td></td><td></td></tr>
<tr><td>3</td><td>18</td><td>购入材料</td><td>850</td><td></td><td>60</td><td></td><td></td><td></td><td></td><td></td><td></td><td></td></tr>
<tr><td>3</td><td>31</td><td>发出材料</td><td></td><td></td><td></td><td></td><td>1 300</td><td></td><td></td><td></td><td></td><td></td></tr>
<tr><td colspan="2">合计</td><td></td><td>2 250</td><td>30</td><td>110</td><td></td><td></td><td></td><td></td><td></td><td></td><td></td></tr>
</table>

（2）材料成本差异率＝(20＋30−110)÷(300＋2 250)

＝−60÷2 550≈−2.35%

（3）发出材料的实际成本＝(1 300＋600)×(−2.35%)＋(1 300＋600)

＝−44.65＋1 900＝1 855.35（元）

结存材料的实际成本＝(300＋2 250−600−1 300)＋(20＋30−110)−(−44.65)

＝634.65（元）

五、业务题

1.【正确答案】

借：在途物资——A 材料　　21 600

　　应交税费——应交增值税（进项税额）　　3 672

　　贷：其他货币资金——信用卡存款　　25 272

2.【正确答案】

借：制造费用　　600

　　贷：原材料——A 材料　　600

3.【正确答案】

借：原材料——A 材料　　23 000

　　贷：应付账款——暂估应付账款　　23 000

4.【正确答案】

借：生产成本——基本生产成本　　9 000

　　贷：周转材料——包装物　　9 000

5.【正确答案】

借：原材料——乙材料　　600 000

　　应交税费——应交增值税（进项税额）　　102 000

　　应收账款——弘扬公司　　1 000

　　贷：银行存款　　703 000

6.【正确答案】

借：其他应付款——包装物押金 6 000

　　贷：银行存款 6 000

7.【正确答案】

借：营业外支出——非常损失 2 425

　　其他应收款——保管员 1 000

　　贷：待处理财产损溢——待处理流动资产损溢 3 000

　　　　应交税费——应交增值税（进项税额转出） 425

8.【正确答案】

借：委托加工物资——甲产品 4 000

　　贷：银行存款 4 000

9.【正确答案】

借：原材料——A 材料 60 800

　　应交税费——应交增值税（进项税额） 10 200

　　贷：银行存款 71 000

10.【正确答案】

借：材料采购——B 材料 4 000

　　应交税费——应交增值税（进项税额） 680

　　贷：应付账款——弘扬公司 4 680

11.【正确答案】

借：生产成本——乙产品 500

　　贷：材料成本差异——A 材料 500

12.【正确答案】

借：其他业务成本——A 材料 5 800

　　贷：原材料——A 材料 5 800

13.【正确答案】

借：应交税费——应交消费税 700

　　贷：银行存款 700

第五章　固 定 资 产

复习测试题（一）

一、单项选择题

1.【正确答案】C

【答案解析】办公大楼是不动产，领用的原材料的进项税额应转出，计入在建工程的成本中。

2.【正确答案】D

【答案解析】购买固定资产的初始成本应包括买价、运杂费、安装费等一切合理的必要的支出。

3.【正确答案】D

【答案解析】提前报废的固定资产不应继续提取折旧；已经提足的折旧即使仍在使用也不用提，以经营租赁方式租入的固定资产不属于企业固定资产，不需要计提折旧。季节性停用的固定资产仍属于使用中的固定资产，仍需要采用一定的折旧方法计提折旧。

4.【正确答案】B

【答案解析】第3年折旧额$=(70\ 000-2\ 000)\times\dfrac{15-2}{15\times16\div2}\approx7\ 366.67$（元）

5.【正确答案】B

【答案解析】$(200-200\times(2/12))\times(2/12)\approx27.78$（万元）

6.【正确答案】B

【答案解析】2016年已折旧$=498\times(2/5)\times(1/12)=16.6$（万元）

2017年应计提折旧额$=(498-16.6)\times(2/5)\times192.56$（万元）

7.【正确答案】D

【答案解析】当期损益额＝清理收益(3＋2)−清理损失(30−8＋1)＝−18（万元）(净损失)

8.【正确答案】A

【答案解析】转入固定资产的成本＝50 000＋2 500＋1 000＋2 000＝55 500（元）

9.【正确答案】B

【答案解析】清理净收入＝80−(100−60＋5)＝35（万元）

10.【正确答案】C

【答案解析】固定资产盘亏审批前应先转入“待处理财产损溢——待处理固定资产损溢”账户核算。

11.【正确答案】A

【答案解析】第1年应提折旧＝(370−10)×5/15＝120（万元）

12.【正确答案】D

【答案解析】固定资产属于经营用动产的，其购进的进项税额准予抵扣，记入“应交税费——应交增值税（进项税额）。

二、多项选择题

1.【正确答案】ABCE

【答案解析】固定资产的持有目的不包括出售。

2.【正确答案】CD

【答案解析】固定资产的分类按经济用途可分为直接服务和间接服务。

3.【正确答案】ABC

【答案解析】固定资产按使用情况分为使用中的固定资产、未使用的固定资产及不需用的固定资产。

4.【正确答案】BE

【答案解析】固定资产按产权关系可分为自有固定资产和融资租入固定资产。

5.【正确答案】ABCD

【答案解析】固定资产的取得成本包括直接发生的价款、购入时发生的运杂费和包装费、安装成本，以及间接发生的，如应承担的借款利息、外币折算差额和其他间接发生的费用等。允许抵扣的进项税额应记入“应交税费——应交增值税（进项税额）”。

6.【正确答案】AC

【答案解析】企业建造工程按其实施的方式不同可分为自营工程和出包工程。

7.【正确答案】ABCDE

【答案解析】影响固定资产的折旧因素包括其原值、净残值、折旧方法、使用寿命及减值准备。

8.【正确答案】ABCD

【答案解析】固定资产的折旧方法有直线法（或平均年限法）、工作量法、年数总和法及双倍余额递减法。

9.【正确答案】CD

【答案解析】年数总和法和双倍余额递减法都在前期折旧高，后期折旧逐渐减少，因此都属于加速折旧法。

10.【正确答案】BCDE

【答案解析】盘盈在“以前年度损益调整”下核算，盘亏在“待处理财产损溢”下核算。

三、判断题

1.【正确答案】×

【答案解析】融资租入的固定资产视为本企业自有固定资产，需要计提折旧。

2.【正确答案】×

【答案解析】预付出包工程款应记入“在建工程”。

3.【正确答案】×

【答案解析】固定资产计提折旧，既要考虑有形损耗，又要考虑无形损耗。

4.【正确答案】√

【答案解析】略

5.【正确答案】×

【答案解析】经营租出的固定资产计提的折旧应记入“其他业务成本”。

6.【正确答案】×

【答案解析】固定资产减少中的盘亏在“待处理财产损溢”核算。

7.【正确答案】√

【答案解析】略

8.【正确答案】×

【答案解析】工作量法的特点是根据当月实际工作量计提折旧。

9.【正确答案】×

【答案解析】当月增加的固定资产在下月开始计提折旧。

10.【正确答案】√

【答案解析】“固定资产清理”账户的净损益通过结转后无余额。

11.【正确答案】×

【答案解析】计提折旧时，借方记相关成本、损益相关账户，贷方记“累计折旧”。

12.【正确答案】×

【答案解析】固定资产最基本的特点是为生产商品、提供劳务、出租或经营管理而持有。

13.【正确答案】√

【答案解析】略

四、计算题

1.【正确答案】80 000 元。

【答案解析】当月增加的固定资产不提折旧，当月减少固定资产的照提折旧。

2.【正确答案】

年折旧率＝35 000÷ 1 200 000×100＝2.92%

年折旧额＝(1 200 000−200 000＋50 000)÷30＝35 000（元）

预计净残值率＝(200 000 −50 000)÷1 200 000×100%＝12.5%

2016 年 6 月该栋楼应提取的折旧额＝35 000÷12＝2 916.67（元）

五、业务题

1.【正确答案】

借：固定资产——设备 80 200

应交税费——应交增值税（进项税额） 13 600

贷：银行存款 93 800

2.【正确答案】

借：在建工程 500 000

应交税费——应交增值税（进项税额） 8 500

贷：其他货币资金——银行汇票 508 500

3.【正确答案】

借：在建工程 3 000

贷：银行存款 3 000

4.【正确答案】

借：固定资产——生产线设备 503 000

贷：在建工程 503 000

5.【正确答案】

借：工程物资——专业设备 35 100

——专业材料 468 000

贷：应付票据——供应单位 503 100

6.【正确答案】

借：在建工程 5 850

贷：原材料 5 000

应交税费——交增值税（进项税额转出） 850

7.【正确答案】

借：在建工程　50 000

　贷：银行存款　50 000

8.【正确答案】

借：制造费用　56 000

　管理费用　3 000

　其他业务成本　2 000

　贷：累计折旧　61 000

9.【正确答案】

借：固定资产　7 500

　贷：以前年度损益调整　7 500

复习测试题（二）

一、单项选择题

1.【正确答案】B

【答案解析】当期损益金额＝6−(70−24＋4)＝−44（万元），为净损失。

2.【正确答案】A

【答案解析】年数总和法计提方法的特点是初期折旧额高，后期折旧额低。那么初期的高折旧额会使初期的利润减少，固定资产的净值也会减少。无论用哪种方法，固定资产的原值是不会变的。

3.【正确答案】A

【答案解析】结转固定资产清理的净收益时，分筹建期和经营期。筹建期间冲减长期待摊费用，经营期间记入“营业外收入”账户。

4.【正确答案】B

【答案解析】应计提的折旧额＝500−200＝300（万元）。已提足的折旧不再继续提。当月增加的固定资产下月计提折旧，当月减少的当月照提折旧。

5.【正确答案】A

【答案解析】“固定资产清理”账户核算固定资产的毁损、出售、报废、对外投资的情况，不含盘亏。

6.【正确答案】C

【答案解析】出包方式建造工程，预付或补付工程款都应借记“在建工程”。

7.【正确答案】D

【答案解析】A选项和C选项在当月都照常计提折旧，B选项当月开始计提折旧，而D选项当月不再计提折旧。

8.【正确答案】B

【答案解析】固定资产最基本的特点是为了生产商品、提供劳务、出租或经营管理而持有，而不是为了出售。

9.【正确答案】B

【答案解析】A选项“包装物”属于存货中的周转材料。C选项“原材料”属于生产资料。D选项“工程物资”属于构建在建工程的物资，会转化成固定资产。

10.【正确答案】A

【答案解析】购进固定资产（经营用动产）所支付的增值税应计入进项税额准予抵扣。

11.【正确答案】B

【答案解析】购入需要安装的固定资产应先通过“在建工程”核算，完工后再转为“固定资产”。

12.【正确答案】C

【答案解析】固定资产资本化的后续支出，要将固定资产转入“在建工程”核算，符合资本化的后续支出部分要计入在建工程成本。

二、多项选择题

1.【正确答案】ABCE

【答案解析】双倍余额递减法先不考虑净残值，最后两年才考虑。

2.【正确答案】ABCDE

【答案解析】购入非经营用固定资产的价值包括买价、运杂费、安装费及相关税费。其支付的增值税是不允许抵扣的，也应计入固定资产的成本。

3.【正确答案】BCE

【答案解析】A选项直接计入固定资产。D选项计入当期损益。

4.【正确答案】BCDE

【答案解析】管理用具属于直接服务于生产经营活动过程的固定资产。

5.【正确答案】ABCE

【答案解析】经营租入的生产线设备不属于企业的固定资产。

6.【正确答案】ABCDE

【答案解析】未使用的固定资产是指已完工或购建尚未交付使用的新增固定资产、购入尚未安装的固定资产、进行改建扩建的固定资产及经批准停止使用的固定资产。

7.【正确答案】ABC

【答案解析】D选项不属于企业的固定资产。E选项不是企业自有的固定资产，仅视同自有固定资产管理。

8.【正确答案】ABCDE

【答案解析】固定资产的取得方式主要有外购、自行建造、投资者投入、非货币性交易取得、债务重组方式取得、融资租入和盘盈取得等多种方式。

9.【正确答案】ABCE

【答案解析】ABCE选项都不需要计提折旧。以融资租赁方式租入固定资产要视为本企业的固定资产进行计提折旧。

10.【正确答案】BC

【答案解析】当月增加的固定资产下月提；当月减少的固定资产当月照提，从下月开始不提；提前报废但未提足的不需再提。

三、判断题

1.【正确答案】√

【答案解析】略

2.【正确答案】√

【答案解析】略

3.【正确答案】×

【答案解析】不动产报废时，应该通过“固定资产清理”账户核算。

4.【正确答案】√

【答案解析】将自产、委托加工或购买的货物作为投资，提供给其他单位或个体经营者，应视同销售货物，需要缴纳增值税。

5.【正确答案】×

【答案解析】固定资产盘盈通过“以前年度损益调整”账户核算，盘亏通过“待处理财产损溢”核算。

6.【正确答案】×

【答案解析】固定资产的减少（除盘亏）通过“固定资产清理”核算。

7.【正确答案】√

【答案解析】略

8.【正确答案】×

【答案解析】固定资产折旧方法一经确定，不得随意变更。

9.【正确答案】√

【答案解析】使用寿命是影响固定资产折旧的因素之一。

10.【正确答案】√

【答案解析】略

11.【正确答案】√

【答案解析】略

12.【正确答案】×

【答案解析】固定资产的预计净残值是预计残值扣除预计清理费用后的净额。

13.【正确答案】×

【答案解析】双倍余额递减法相对于其他方法来说，期初、期中是不需要考虑净残值的，但期末的两年要考虑净残值。

四、计算题

1.【正确答案】

采用工作量法（运输车辆适合采用工作量法）

单位工作量折旧额＝(220 000−10 000)÷2 000＝105（元/小时）

本月该车辆应计提的折旧额＝100×105＝10 500（元）

2.【正确答案】

固定的折旧基数＝18 500−500＝18 000（元）

第1年折旧额＝$18\,000\times\dfrac{3}{6}$＝9 000（元）

第2年折旧额$=18\ 000\times\frac{2}{6}=6\ 000$（元）

第3年折旧额$=18\ 000\times\frac{1}{6}=3\ 000$（元）

五、业务题

1.【正确答案】

借：固定资产——电子设备　40 500
　应交税费——应交增值税（进项税额）　6 800
　贷：营业外收入　46 800
　　库存现金　500

2.【正确答案】

借：待处理财产损溢——待处理固定资产损溢　3 020
　累计折旧　4 000
　贷：固定资产　6 000
　　应交税费——应交增值税（进项税额转出）　1 020

3.【正确答案】

借：长期股权投资——其他股权投资（投资成本）　140 400
　贷：固定资产清理　120 000
　　应交税费——应交增值税（销项税额）　20 400

4.【正确答案】

借：固定资产清理　4 000
　贷：长期待摊费用　4 000

5.【正确答案】

借：营业外支出　5 000
　贷：固定资产清理　5 000

6.【正确答案】

借：在建工程　76 660
　贷：库存商品——水泥　60 000
　　应交税费——应交增值税（销项税额）　16 660（98 000×17%）

7.【正确答案】

借：固定资产清理　2 500
　贷：应交税费——应交增值税　2500

8.【正确答案】

借：在建工程　50 000
　累计折旧　70 000
　贷：固定资产　120 000

9.【正确答案】

借：其他业务成本　600
　贷：累计折旧　600

复习测试题（三）

一、单项选择题

1.【正确答案】C

【答案解析】接受投资的固定资产的价值按双方确认的价值入账，不公允的除外。

2.【正确答案】D

【答案解析】购入不需安装的固定资产直接记入“固定资产”。

3.【正确答案】C

【答案解析】对固定资产设备进行修理属于后续支出费用化，应当计入管理费用（销售部门的计入销售费用）。

4.【正确答案】A

【答案解析】用于固定资产计提折旧的账户是累计折旧。计提时贷记“累计折旧”，从借方转销。

5.【正确答案】C

【答案解析】5月末即6月初。当月增加的固定资产当月不计提折旧，当月减少的固定资产当月照提。

6.【正确答案】D

【答案解析】ABC选项都要计入成本。D选项计入管理费用。

7.【正确答案】B

【答案解析】长期股权投资的入账价值是由双方确认的价值加上视同销售的销项税额组成的，如没有确认销售额的，按净值加上销项税额入账。

8.【正确答案】A

【答案解析】双倍余额递减法的年折旧率就是直线折旧比率的2倍。如折旧年限为5年的固定资产，直线法下每年折旧率为1/5，即20%。而双倍就是2/5，即40%。

9.【正确答案】B

【答案解析】用直线法折旧，计算出的每期折旧额是相等的，在坐标中表现为一条直线。

10.【正确答案】C

【答案解析】预计净残值等于预计残值扣除处置费用，或用固定资产原值乘以预计净残值率。

11.【正确答案】A

【答案解析】“固定资产”账户反映固定资产的原值。

12.【正确答案】C

【答案解析】为配合“在建工程”的核算，企业特设“工程物资”账户用来核算为基建工程、更新改造工程和大修理工程准备的各种物资的实际成本。

二、多项选择题

1.【正确答案】ACDE

【答案解析】接受捐赠转让的固定资产，按照确认的价值借记“固定资产”，按照发票上注意的增值税额借记“应交税费——应交增值税（进项税额）”。如果捐赠方代为支付增值税，则固定资产和增值税合计贷记“营业外收入”；如果企业自行支付增值税，则贷记“银行存款”，固定资产价值贷记“营业外收入”。

2.【正确答案】ABCE

【答案解析】计提折旧时，销售部门、车间、行政管理部门、出租固定资产分别计入销售费用、制造费用、管理费用、其他业务成本。财务费用应属于管理部门的费用。

3.【正确答案】ABC

【答案解析】发生固定资产转入清理时，首先将固定资产的净值转入“固定资产清理”的借方，然后借方登记发生的清理费用，贷方登记发生的变价收入及获得的赔偿，最后结转净损益。净收益从借方结转，净损失从贷方结转。

4.【正确答案】ABDE

【答案解析】运输设备、价值高但不经常使用的大型设备适合采用工作量法折旧。

5.【正确答案】DE

【答案解析】发生固定资产转入清理时，首先将固定资产的净值转入“固定资产清理”的借方，然后借方登记发生的清理费用，贷方登记发生的变价收入及获得的赔偿，最后结转净损益。净收益从借方结转，净损失从贷方结转。

6.【正确答案】AB

【答案解析】购入需要安装的设备通过“在建工程”核算，经营性租入的设备不属于企业的固定资产。

7.【正确答案】ABCD

【答案解析】不动产固定资产的增值税不允许抵扣，应计入固定资产成本；后续支出只有符合资本化条件的才能计入成本。

8.【正确答案】BCE

【答案解析】无形资产的摊销计入累计摊销，无形资产的使用寿命可能无法确认。

9.【正确答案】ACE

【答案解析】房屋建筑物不管是否投入使用都要计提折旧，C选项和E选项都属于使用中的固定资产，当然要计提折旧。处于改扩建期间的固定资产暂停计提折旧，完工后再开始计提。

10.【正确答案】ABCD

【答案解析】应予费用化的借款费用在筹建期间计入管理费用，在生产经营期间计入财务费用。

三、判断题

1.【正确答案】√

【答案解析】略

2.【正确答案】√

【答案解析】略

3.【正确答案】√

【答案解析】略

4.【正确答案】√

【答案解析】略

5.【正确答案】×

【答案解析】企业的环保设备和安全设备等资产，虽不直接为企业带来经济利益，但也应当确认为固定资产。

6.【正确答案】×

【答案解析】购入固定资产所支付的增值税是否计入成本，应分动产和不动产两种情况分别处理。若购入的是动产，则取得时交纳的增值税是允许抵扣的，不应计入固定资产中。

7.【正确答案】√

【答案解析】略

8.【正确答案】×

【答案解析】结转固定资产清理净损益分筹建期间和生产经营期间分别结转。属于筹建期间的，计入长期待摊费用；属于生产经营期间的，计入营业外支出。

9.【正确答案】√

【答案解析】略

10.【正确答案】√

【答案解析】企业用固定资产对外进行投资，按公允价值（或销售额、没有确定销售额的按净值）记入“固定资产清理”账户的贷方。

11.【正确答案】√

【答案解析】略

12.【正确答案】√

【答案解析】略

13.【正确答案】√

【答案解析】修理支付，属于费用化，所以计入当期损益。

四、计算题

【正确答案】

年折旧率＝2÷5×100%＝40%

第1年折旧额＝100 000×40%＝40 000（元）

第2年折旧额＝(100 000−40 000)×40%＝24 000（元）

第3年折旧额＝(100 000−40 000−24 000)×40%＝14 400（元）

第4年折旧额＝(100 000−40 000−24 000−14 400−1 000)÷2＝10 300（元）

第5年折旧额＝(100 000−40 000−24 000−14 400−1 000)÷2＝10 300（元）

五、业务题

1.【正确答案】

借：固定资产清理	6 000	
累计折旧	2 000	
贷：固定资产——C 型设备		8 000

2.【正确答案】

借：固定资产清理　400

　贷：库存现金　400

3.【正确答案】

借：其他应收款　300

　银行存款　700

　贷：固定资产清理　1 000

4.【正确答案】

借：固定资产——X 型设备　48 000

　应交税费——应交增值税（进行税额）　8 160

　贷：实收资本　56 160

5.【正确答案】

借：固定资产——X 型设备　1 000

　贷：库存现金　1 000

6.【正确答案】

借：固定资产清理　39 690

　累计折旧　9 310

　贷：固定资产　49 000

7.【正确答案】

借：银行存款　17 550

　贷：固定资产清理　15 000

　　应交税费——应交增值税（销项税额）　2 550

8.【正确答案】

借：营业外支出　24 690

　贷：固定资产清理　24 690

9.【正确答案】

借：管理费用　800

　贷：库存现金　500

　　原材料　300

第六章　无形资产和长期待摊费用

复习测试题

一、单项选择题

1.【正确答案】C

【答案解析】自用的无形资产其摊销金额借记管理费用。

2.【正确答案】C

【答案解析】有关法律规定专利权的有效期限是15年。

3.【正确答案】B

【答案解析】有关法律规定商标权的有效期限是10年。

4.【正确答案】B

【答案解析】出租无形资产收取的租金计入其他业务收入。

5.【正确答案】D

【答案解析】无形资产出租其成本摊销金额计入其他业务成本。

6.【正确答案】D

【答案解析】开发阶段发生的研发支出符合资本化条件的部分才能计入无形资产成本。

7.【正确答案】B

【答案解析】无形资产的成本摊销贷记累计摊销。

8.【正确答案】B

【答案解析】非专利技术也称技术秘密和技术诀窍，是一种不受法律保护的无形财产权。

9.【正确答案】A

【答案解析】“研发支出”专门记录开发无形资产过程中的费用支出，开发完成后，按是否符合资本化或费用化条件分别结转后无余额。

10.【正确答案】A

【答案解析】无形资产出售发生的净损失结转到营业外支出账户。

11.【正确答案】C

【答案解析】开发无形资产费用支出分为研究阶段和开发阶段，研究阶段的研发支付费用化；开发阶段的支出看是否满足资本化或费用化条件，分别结转。

12.【正确答案】B

【答案解析】出售该项专利时影响当期的损益：借方为46万元，贷方为20万元，所以损益为26万元。

二、多项选择题

1.【正确答案】ACD

【答案解析】无形资产是指企业拥有或控制的没有实物形态的可辨认非货币性资产。

2.【正确答案】ABDE

【答案解析】企业自创的商誉，以及未满足无形资产确认条件的其他项目，都不能作为企业的无形资产核算。

3.【正确答案】ABD

【答案解析】企业无形资产的取得方式主要有外购、投资者投入、自行开发等。

4.【正确答案】BCDE

【答案解析】研发费用资本化部分及开发成功后的注册登记费、律师咨询费及其他为使无形资产达到预定用途所发生的专业服务费用、测试费等都应计入无形资产的成本中。

5.【正确答案】ABDE

【答案解析】C选项其他方式取得的正在进行的研究开发项目，应按是否符合资本化或费用化的条件计入研发支出的明细账户。

6.【正确答案】ABCD

【答案解析】使用寿命不确定的无形资产不得进行成本摊销。

7.【正确答案】ABDE

【答案解析】出租无形资产成本摊销应列入其他业务成本的借方。

8.【正确答案】ABE

【答案解析】筹集期间取得固定资产和无形资产而发生的费用不得计入长期待摊费用。

9.【正确答案】ABCDE

【答案解析】企业依法取得的并予以资本化的著作权不仅受著作权法的保护，还享有发表权、署名权、修改权、保护作品完整权、使用权和获得报酬权。

10.【正确答案】BCE

【答案解析】出售无形资产取得的收入借记“银行存款”，从借方转销累计摊销和无形资产减值准备；贷方登记减少的无形资产和账面价值；支付的转让费用贷记“银行存款”。净损益列入营业外收入或营业外支出账户。

三、判断题

1.【正确答案】√

【答案解析】略

2.【正确答案】×

【答案解析】无形资产摊销方法包括直线法、按总量法。

3.【正确答案】×

【答案解析】购入无形资产的成本包括买价、进口关税和其他税费以及直接归属于使该项无形资产达到预定用途所发生的其他支出。

4.【正确答案】√

【答案解析】一般情况下，无形资产的残值视为零。

5.【正确答案】×

【答案解析】企业自用无形资产成本摊销借记“管理费用”账户。

6.【正确答案】×

【答案解析】企业出租无形资产的成本摊销，应借记“其他业务成本”。

7.【正确答案】√

【答案解析】略

8.【正确答案】×

【答案解析】开发无形资产费用支出分为研究阶段和开发阶段，研究阶段的研发支付费用化；开发阶段的支出看是否满足资本化或费用化条件，分别结转。

9.【正确答案】×

【答案解析】无形资产价值的摊销贷记“累计摊销”。

10.【正确答案】×

【答案解析】无形资产出售的净收益计入营业外收入，净损失计入营业外支出。

11.【正确答案】√

【答案解析】略

12.【正确答案】√

【答案解析】略

13.【正确答案】√

【答案解析】略

四、计算题

【正确答案】确认的净收益为：借方为350＋450÷10×4=510万元，贷方为450万元，所以，损益为510-450＝60万元。

五、业务题

1.【正确答案】

借：银行存款	80 000	
贷：其他业务收入		80 000

2.【正确答案】

借：其他业务成本	1 000	
贷：银行存款		1 000

3.【正确答案】

借：管理费用	3 000	
贷：累计摊销		3 000

4.【正确答案】

借：无形资产——专利权	200 000	
贷：银行存款		200 000

5.【正确答案】

借：银行存款	50 000	
累计摊销	120 000	
营业外支出	31 000	
贷：无形资产		200 000
银行存款		1 000

6.【正确答案】

借：研发支出——费用化支出	120 000	
贷：原材料		120 000

7.【正确答案】

借：研发支出——资本化支出	20 000	
贷：应付职工薪酬		20 000

8.【正确答案】

借：无形资产　　180 000

　　贷：研发支出——资本化支出　　180 000

9.【正确答案】

借：其他业务成本　　6 000

　　贷：累计摊销　　6 000

第七章　流动负债和非流动负债

复习测试题（一）

一、单项选择题

1.【正确答案】B

【答案解析】在物资和发票账单同时到达企业的情况下，应付账款的入账时间为物资验收入库后。

2.【正确答案】B

【答案解析】预收账款不多的企业，可以用应收账款账户替代。

3.【正确答案】A

【答案解析】目前我国大多数企业的工资采用月薪制。

4.【正确答案】C

【答案解析】A选项是资产类账户，BD选项是非流动负债类账户。

5.【正确答案】C

【答案解析】略

6.【正确答案】D

【答案解析】ABC选项均会影响应收账款的账面价值，只有D选项不会影响应收账款，只会在发生时冲减财务费用。

7.【正确答案】D

【答案解析】A、B选项属于流动负债类账户，C选项属于资产类账户。

8.【正确答案】C

【答案解析】企业银行支付的承兑汇票手续费，应计入当期的财务费用。

9.【正确答案】C

【答案解析】应付职工薪酬包括职工工资、奖金、津贴和补贴；职工福利费；社会保险费；住房公积金；工会经费和职工教育经费；非货币性福利；辞退福利；其他与获得职工提供的服务相关的支出。C选项属于管理费用。

10.【正确答案】B

【答案解析】企业从应付职工薪酬中扣还个人所得税的会计分录是：

借：应付职工薪酬

　　贷：应交税费——应交个人所得税

11.【正确答案】A

【答案解析】为应税消费品委托加工物资支付的消费税，记入“委托加工物资”（收回直接销售的）；或记入“应交税费——应交消费税”（收回连续生产的）。

12.【正确答案】B

【答案解析】委托加工的应税消费品收回后继续用于连续生产的，由受托方代收代缴的消费税应借记在“应交税费——应交消费税”中。

二、多项选择题

1.【正确答案】BC

【答案解析】A选项属于非流动资产类账户，DE选项属于流动负债类账户。

2.【正确答案】ABCDE

【答案解析】职工工资核算的原始凭证主要包括考勤记录、工时记录、产量记录、销售记录、工资单、工资汇总表等。

3.【正确答案】AC

【答案解析】教育费附加＝(增值税额＋消费税额)×适用税率

4.【正确答案】ACD

【答案解析】B选项发生时直接减少应收账款，E选项应计入管理费用。

5.【正确答案】ABCDE

【答案解析】企业按规定计算出应交的房产税额、土地使用税额、车船税额、印花税、资源税、城建税、教育费附加、消费税等都记入“税金及附加”账户。

6.【正确答案】ADE

【答案解析】BC选项借款是要支付利息的，ADE选项都是以支付金额入账，不支付利息。

7.【正确答案】ABE

【答案解析】企业短期借款的种类主要有生产经营周转借款、临时借款、票据贴现借款。CD选项属于长期借款。

8.【正确答案】ABCE

【答案解析】D选项属于其他应收款核算的内容。

9.【正确答案】ADE

【答案解析】略

10.【正确答案】ABDE

【答案解析】增值税与成本费用无关，不得计入成本费用。

三、判断题

1.【正确答案】×

【答案解析】预付账款属于流动资产。

2.【正确答案】×

【答案解析】负债是指企业过去的交易、事项形成的现时义务，履行该义务预期会导致经济利益流出企业。

3.【正确答案】×

【答案解析】预收账款是企业的一项负债，所以预收账款账户的期末余额不一定反映企业的负债，而需要看预收账款账户的余额的方向，如果余额在借方表示企业的资产，如果余额在贷方表示企业的负债。

4.【正确答案】√

【答案解析】略

5.【正确答案】×

【答案解析】流动负债是指将在1年（含1年）或者超过1年的一个会计期间内偿还的债务。

6.【正确答案】√

【答案解析】略

7.【正确答案】×

【答案解析】企业应将无法支付的应付账款转作营业外收入处理。

8.【正确答案】×

【答案解析】企业自产自用的应税消费品也应当交纳消费税。

9.【正确答案】√

【答案解析】略

10.【正确答案】×

【答案解析】计件工资是根据完成产品数量和规定的计件单价计算工资的，完成产品的数量指的是企业实际完成的合格品数加料废品的数量。

11.【正确答案】√

【答案解析】略

12.【正确答案】√

【答案解析】略

13.【正确答案】√

【答案解析】略

四、计算题

【答案解析】按30天计算：日工资率＝1 200/30＝40（元/天）

事、病假应付工资＝5×40＋2×40×30%＝224（元）

按21.75天计算：日工资率＝1 200/21.75＝55（元/天）

事、病假应付工资＝5×55＋2×55×30%＝308（元）

五、业务题

1.【正确答案】

借：原材料——A 材料　　10 000

　　应交税费——应交增值税（进项税额）　　1 700

　　贷：应付票据　　11 700

2.【正确答案】

科目	借方	贷方
借：原材料——B 材料	500 000	
应交税费——应交增值税（进项税额）	85 000	
贷：应付账款——乙原料厂		585 000

3.【正确答案】

科目	借方	贷方
借：应付账款——乙原料厂	585 000	
贷：财务费用		10 000
银行存款		575 000

4.【正确答案】

科目	借方	贷方
借：原材料——C 材料	20 000	
应交税费——应交增值税（进项税额）	3 400	
贷：应付票据——丙企业		23 400

5.【正确答案】

科目	借方	贷方
借：应付票据——丙企业	23 400	
贷：应付账款——丙企业		23 400

6.【正确答案】

科目	借方	贷方
借：应付票据——丙企业	23 400	
贷：银行存款		23 400

7.【正确答案】

科目	借方	贷方
借：生产成本——基本生产成本	100 000	
制造费用	50 000	
管理费用	50 000	
销售费用	166 000	
贷：应付职工薪酬——工资		366 000

8.【正确答案】

科目	借方	贷方
借：应付职工薪酬——职工福利	500	
贷：库存现金		500

9.【正确答案】

科目	借方	贷方
借：银行存款	5 000	
贷：其他应付款——丁企业		5 000

复习测试题（二）

一、单项选择题

1.【正确答案】B

【答案解析】企业在生产经营期间的资产负债表日，按合同利率计算的长期借款利息费用的会计处理为借记“财务费用”账户，贷记“应付利息”账户。

2.【正确答案】C

【答案解析】企业为建造厂房而购进的工程物资，所支付的增值税额应计入购入的工程物资的成本。

3.【正确答案】B

【答案解析】“营改增”后，消费税、城建税、房产税、车船税、印花税均计入“税金及附加”，即100＋14＋15＋5＋10=144万元。

4.【正确答案】D

【答案解析】企业将自产的商品作为福利发放给职工，应视同销售。

5.【正确答案】D

【答案解析】企业将自产的商品作为福利发放给职工，应视同销售。即应付职工薪酬＝2 000×200＋2 000×200×17%＝468 000（元）。

6.【正确答案】C

【答案解析】应付票据的利息通过“应付票据”账户核算，不应通过“应付利息”账户核算。

7.【正确答案】C

【答案解析】收回后直接用于对外出售的委托加工物资交纳的消费税应计入委托加工物资的成本中。

8.【正确答案】D

【答案解析】企业开出的商业承兑汇票到期不能如期支付，则应在票据到期并未签发新的票据时，经应付票据账面价值转入“应付账款”账户。

9.【正确答案】B

【答案解析】如果企业开出的银行承兑汇票到期不能如期支付，则应在票据到期并未签发新的票据时，经应付票据账面价值转入“短期借款”账户。

10.【正确答案】C

【答案解析】增值税小规模纳税人征收税率为3%。

11.【正确答案】B

【答案解析】企业按规定计算应交的城市维护建设税，借记“税金及附加”账户，贷记“应交税费”账户。

12.【正确答案】D

【答案解析】城市维护建设税的计税依据是实际缴纳的消费税和增值税。

二、多项选择题

1.【正确答案】ACDE

【答案解析】B选项“预付账款”属于流动资产类账户。

2.【正确答案】AD

【答案解析】企业在购买材料、商品和接受劳务等而开出、承兑的商业汇票，包括商业承兑汇票和银行承兑汇票。

3.【正确答案】ABD

【答案解析】企业在资产负债表日计提长期借款利息时，属于筹建期间的，计入管理费用；属于生产经营期间的，计入财务费用；如果长期借款用于需要经过相当长时间的购建或者生产经营才能达到预定可使用或者可销售状态的固定资产、投资性房地产和存货等资产的，应当予以资本化，计入相关资产成本。

4.【正确答案】ABC

【答案解析】D选项应通过“应交税费”账户核算；E选项应通过“其他应收款”账户核算。

5.【正确答案】CDE

【答案解析】增值税和所得税均不计入“税金及附加”。

6.【正确答案】BE

【答案解析】消费税实行从价定率和从量定额两种办法计算征收。

7.【正确答案】ABCDE

【答案解析】消费税的税目有：烟、酒及酒精、化妆品、护肤护发品、贵重首饰及珠宝玉石、鞭炮及焰火、成品油、汽车轮胎、摩托车、小汽车、高尔夫球及球具、高档手表、游艇、木制一次性筷子、实木地板等14项。

8.【正确答案】DE

【答案解析】增值税的纳税人通常分为一般纳税人和小规模纳税人。

9.【正确答案】ABE

【答案解析】CD选项都属于短期借款。

10.【正确答案】AC

【答案解析】长期借款账户应按贷款的单位和贷款的种类设置明细账户，并分别以“本金”和“利息调整”账户核算。

三、判断题

1.【正确答案】√

【答案解析】略

2.【正确答案】×

【答案解析】应付账款的入账价值应按未来应付的金额（即发票账单所记载的实际价款或按应付给供应单位的暂估价）确定。

3.【正确答案】√

【答案解析】略

4.【正确答案】√

【答案解析】略

5.【正确答案】√

【答案解析】略

6.【正确答案】×

【答案解析】短期借款属于经营管理期间的，计入财务费用。

7.【正确答案】×

【答案解析】一般纳税人企业用自产的商品或原材料对外投资时，视同销售，故也应计算交纳增值税的销项税额。

8.【正确答案】√

【答案解析】略

9.【正确答案】×

【答案解析】一般纳税人企业购进货物时支付或负担的增值税额，不一定计入进项税额，只有满足抵扣条件的才可计入。

10.【正确答案】√

【答案解析】略

11.【正确答案】√

【答案解析】略

12.【正确答案】×

【答案解析】“预收账款”是负债类账户，如果“预收账款”账户出现借方余额则是表示少收的。

13.【正确答案】×

【答案解析】货物先到，账单未到，至月末仍未到就应暂估入账，下月红字冲回；如果账单先到，货物后到，则依据账单即时入账。

四、计算题

【正确答案】

集体计件工资＝（1 500−100）×4＝5 600（元）

姓名	实际工作时间（时）	分配率	应得计件工资（元）
张某	150	—	1 680
李某	140	—	1 568
王某	160	—	1 792
陈某	50	—	560
合计	500	11.2	5 600

五、业务题

1.【正确答案】

借：应交税费——未交增值税　3 400

　贷：银行存款　3 400

2.【正确答案】

借：应交税费——应交增值税（已交税金）　5 100

　贷：银行存款　5 100

3.【正确答案】

借：在建工程　28 100

　贷：库存商品　20 000

　　应交税费——应交增值税（销项税额）　5 100

　　　　——应交消费税　3 000

4.【正确答案】

应交纳的城市维护建设税＝（6 800＋5 000＋4 000）×7%＝1 106（元）

借：税金及附加——城市维护建设税　　1 106

　　贷：应交税金——应交城市维护建设税　　1 106

5.【正确答案】

借：管理费用　　50 000

　　制造费用　　30 000

　　贷：其他应付款——应付房租（A 公司）　　80 000

6.【正确答案】

借：生产成本——基本生产成本　　48 000

　　制造费用　　23 000

　　销售费用　　30 000

　　管理费用　　18 000

　　贷：应付职工薪酬——社会保险费（基本养老保险）　　119 000

7.【正确答案】

借：银行存款　　100 000

　　贷：短期借款　　100 000

8.【正确答案】

借：财务费用　　500

　　贷：银行存款　　500

9.【正确答案】

借：银行存款　　70 000

　　贷：预收账款　　70 000

复习测试题（三）

一、单项选择题

1.【正确答案】A

【答案解析】企业从应付职工薪酬中代扣的职工房租，应借记应付职工薪酬账户，贷方视情况而定。

2.【正确答案】A

【答案解析】略

3.【正确答案】C

【答案解析】企业因债权人撤销而转销的无法支付的应付账款时，应将所转销的应付账款计入营业外收入。

4.【正确答案】A

【答案解析】该企业10月31日应计提的利息＝100×12%/12＝1（万元）。

5.【正确答案】B

【答案解析】短期借款利息采取按月计提时，借记“财务费用”账户。

6.【正确答案】C

【答案解析】本期该企业的职工工资总额＝1 000＋1 500＋700＋500＝3 700（元），职工的生活困难补助从职工应付福利费里面支出，不计算在工资内。

7.【正确答案】B

【答案解析】企业不设置预收账款账户，可将预收的货款直接记入应收账款账户贷方。

8.【正确答案】B

【答案解析】B选项“应付包装物的租金”应通过“其他应付款”账户核算。

9.【正确答案】B

【答案解析】委托加工的应税消费品收回后准备直接出售，由受托方代收代交的消费税要计入委托加工物资的成本中。

10.【正确答案】C

【答案解析】免税农产品应按13%抵扣，40 000×13%＝520（元）是可以抵扣的进项税额，购进存货的成本＝4 000−520＝3 480（元）。

11.【正确答案】A

【答案解析】税金及附加的金额＝500＋400＋300＋500＝1 700（元）。

12.【正确答案】D

【答案解析】A选项需计入财务费用；B选项需计入管理费用；C选项需计入财务费用；D选项应计入在建工程。

二、多项选择题

1.【正确答案】ABCD

【答案解析】E选项属于流动资产类账户。

2.【正确答案】ABCDE

【答案解析】计提职工薪酬时，生产部门人员的工资薪酬可以计入生产成本、制造费用，管理人员的工资薪酬可以计入管理费用，销售人员的职工薪酬可以计入销售费用，应由在建工程、研发支出的职工薪酬，可以计入在建工程、研发支出。

3.【正确答案】ABDE

【答案解析】ABDE选项均计入财务费用，C选项需分情况而定，不一定计入财务费用。

4.【正确答案】AC

【答案解析】增值税的应税销售额是指纳税人销售货物或提供劳务从购买方收取的全部价款和价外费用。

5.【正确答案】AB

【答案解析】教育费附加的计税依据是从事生产经营活动的单位和个人实际交纳的增值税、消费税。

6.【正确答案】DE

【答案解析】应计入企业固定资产价值的税费有车辆购置税和购入固定资产交纳的契税。

7.【正确答案】ABCDE

【答案解析】职工薪酬的内容有职工工资、奖金、津贴和补贴；职工福利费；社会保险费；住房公积金；工会经费和职工教育经费；非货币性福利；辞退福利等。

8.【正确答案】ABCD

【答案解析】ABCD选项均属于“其他应付款”账户的核算内容。

9.【正确答案】ABD

【答案解析】应付计件工资＝（合格品数量＋料废品数量）×计件单价

10.【正确答案】ABD

【答案解析】CE选项均属于流动负债。

三、判断题

1.【正确答案】×

【答案解析】新准则规定企业按工资总额的一定比例提取的职工教育经费、工会经费都应当计入当期的管理费用中。

2.【正确答案】√

【答案解析】略

3.【正确答案】×

【答案解析】租入包装物支付的押金属于其他应收款核算的范围。

4.【正确答案】√

【答案解析】略

5.【正确答案】√

【答案解析】略

6.【正确答案】×

【答案解析】委托加工物资收回后，直接用于销售的，将代收代交的消费税计入委托加工物资的成本。

7.【正确答案】√

【答案解析】企业计算应交的房产税额、土地使用税额、车船税额，应借记“税金及附加”账户，贷记“应交税费——应交房产税、土地使用税、车船税”账户。

8.【正确答案】√

【答案解析】略

9.【正确答案】×

【答案解析】应付及预收款项包括应付账款、其他应付款和预收账款。

10.【正确答案】√

【答案解析】略

11.【正确答案】√

【答案解析】略

12.【正确答案】×

【答案解析】长期借款核算企业向银行或其他金融机构等借入的期限在1年以上（不含1年）的各种长期借款，长期借款计提的利息分别不同情况，计入不同的成本费用。

13.【正确答案】√

【答案解析】略

四、计算题

【正确答案】

计件工资＝（550−50）×4＋200×2.5＋500×5＝5 000（元）

五、业务题

1.【正确答案】

	借方	贷方
借：应付账款	51 000	
贷：银行存款		50 000
财务费用		1 000

2.【正确答案】

	借方	贷方
借：应付账款	5 000	
贷：应付票据		5 000

3.【正确答案】

	借方	贷方
借：预收账款	40 950	
贷：主营业务收入——A 商品		15 000
——B 商品		20 000
应交税费——应交增值税（销项税额）		5 950

4.【正确答案】

	借方	贷方
借：应付职工薪酬	3 000	
贷：应交税费——应交个人所得税		3 000

5.【正确答案】

	借方	贷方
借：原材料	26 100	
应交税费——应交增值税（进项税额）	3 900	
贷：银行存款		30 000

6.【正确答案】

	借方	贷方
借：在建工程	46 800	
贷：原材料		40 000
应交税费——应交增值税（进项税额转出）		6 800

7.【正确答案】

	借方	贷方
借：在建工程	67 000	
贷：库存商品		50 000
应交税费——应交增值税（销项税额）		17 000

8.【正确答案】

借：应交税费——应交增值税（已交税金） 17 000

贷：银行存款 17 000

9.【正确答案】

借：应交税费——应交增值税（转出未交增值税） 5 100

贷：应交增值税——未交增值税 5 100

第八章 所有者权益

复习测试题

一、单项选择题

1.【正确答案】D

【答案解析】所有者权益是指企业资产扣除负债后由所有者享有的剩余权益。

2.【正确答案】C

【答案解析】只有C选项“资本公积转增资本”属于所有者权益内部的一增一减，所以不会引起所有者权益总额变动。

3.【正确答案】B

【答案解析】公司制企业的法定盈余公积按照规定比例10%从净利润（减去弥补以前年度亏损）中提取。

4.【正确答案】D

【答案解析】D选项“债权人权益”属于负债。

5.【正确答案】B

【答案解析】企业接受货币资金投资时，其价值不能够低于企业注册资本的30%。

6.【正确答案】A

【答案解析】该企业2017年年末所有者权益总额＝200＋350−50＝500（万元）。

7.【正确答案】B

【答案解析】企业的留存收益包括盈余公积和未分配利润，因此该企业2017年1月1日的留存收益＝55＋40＝95（万元）。

8.【正确答案】B

【答案解析】该公司2017年年末所有者权益总额＝1 400＋550−200＋50＝1 800（万元）。

9.【正确答案】B

【答案解析】该公司“盈余公积”账户的年末余额＝200＋500−50−100−30＝520（万元）。

10.【正确答案】C

【答案解析】留存收益包括盈余公积和未分配利润。

11.【正确答案】B

【答案解析】A选项会引起负债的增加和所有者权益的减少，C选项会引起资产的增加和所有者权益的增加，D选项会引起资产和负债同时减少，只有B选项会引起所有者权益内部的一增一减。

12.【正确答案】B

【答案解析】该企业2017年年末未分配利润的贷方余额＝500＋300×（1−10%−15%）＝725（万元）。

二、多项选择题

1.【正确答案】BCD

【答案解析】留存收益包括盈余公积和未分配利润。

2.【正确答案】BC

【答案解析】投资者的出资额可以大于注册资本，也可以等于注册资本。

3.【正确答案】BC

【答案解析】A选项会引起所有者权益内部的一增一减，B选项会引起资产和所有者权益同时增加，C选项会引起资产和所有者权益同时增加，D选项会引起所有者权益内部的一增一减，E选项会引起负债增加所有者权益减少。

4.【正确答案】ACD

【答案解析】盈余公积的用途有弥补亏损、转增资本（或股本）或发放现金股利和利润。

5.【正确答案】BCDE

【答案解析】A选项涉及“营业外收入”账户贷方增加。其他选项均涉及“实收资本”账户贷方增加。

6.【正确答案】ABC

【答案解析】租赁资产、借入资金均不属于投入资本。

7.【正确答案】ACE

【答案解析】资本公积包括资本溢价、股本溢价和直接计入所有者权益的利得和损失。

8.【正确答案】ABCDE

【答案解析】略

9.【正确答案】ACDE

【答案解析】B选项“企业原投资者将其持有的股本转让给其他投资者”，与实收资本无关。

10.【正确答案】ABCE

【答案解析】企业所有者权益包括实收资本、资本公积、盈余公积、未分配利润。

三、判断题

1.【正确答案】√

【答案解析】略

2.【正确答案】×

【答案解析】所有者权益是指企业的资产扣除负债后，由所有者享有的剩余权益。

3.【正确答案】×

【答案解析】企业投资者的风险高于债权人的风险。

4.【正确答案】×

【答案解析】在企业持续经营的情况下，投资者一般不能收回投资。

5.【正确答案】√

【答案解析】略

6.【正确答案】√

【答案解析】略

7.【正确答案】×

【答案解析】企业债权人只享有收回债务本金和利息的权利。

8.【正确答案】×

【答案解析】企业以盈余公积发放现金股利时，会引起盈余公积减少，同时负债增加。

9.【正确答案】√

【答案解析】略

10.【正确答案】×

【答案解析】投资者投入固定资产，按投资各方确认的价值作为入账价值。

11.【正确答案】√

【答案解析】略

12.【正确答案】×

【答案解析】企业提取的盈余公积用途包括弥补亏损、转增资本（或股本）、发放现金股利或利润。

13.【正确答案】√

【答案解析】略

四、计算题

【正确答案】

该企业2017年年末盈余公积的账面价值＝370＋50＋25−50−30＝365（万元）。

五、业务题

1.【正确答案】

借：无形资产——专利权　50 000

　　贷：实收资本——科技公司　50 000

2.【正确答案】

借：利润分配——提取法定盈余公积　200 000

　　　　　　——提取任意盈余公积　100 000

　　贷：盈余公积——提取法定盈余公积　200 000

　　　　　　　　——提取任意盈余公积　100 000

3.【正确答案】

借：银行存款　　9 000 000

　　贷：实收资本——A 公司　　5 000 000

　　　　　　　　——B 公司　　4 000 000

4.【正确答案】

借：银行存款　　200 000

　　贷：实收资本——新的投资者　　100 000

　　　　资本公积　　100 000

5.【正确答案】

借：资本公积　　20 000

　　盈余公积——法定盈余公积　　50 000

　　贷：实收资本　　70 000

6.【正确答案】

借：盈余公积——法定盈余公积　　70 000

　　贷：利润分配——盈余公积补亏　　70 000

7.【正确答案】

借：资本公积　　350 000

　　贷：实收资本　　350 000

8.【正确答案】

借：固定资产　　250 000

　　贷：实收资本——C 企业　　240 000

　　　　资本公积　　10 000

9.【正确答案】

借：原材料　　30 000

　　应交税费——应增值税（进项税额）　　5 100

　　贷：实收资本——D 企业　　35 100

第九章　收入、费用和利润

复习测试题（一）

一、单项选择题

1.【正确答案】D

【答案解析】根据净利润的计算公式，净利润＝500−400−20＋30−30＝80（万元）。

2.【正确答案】C

【答案解析】车间管理人员工资仍然属于车间发生的间接生产费用，应记入“制造费用”。

3.【正确答案】B

【答案解析】财务费用是企业为筹集资金而发生的费用，现金折扣是卖方企业为资金尽快回笼而给予对方的折扣，因此它是和资金有关的，发生时应借记或贷记“财务费用”。而ACD选项都是在发生时冲减相应的收入或成本，不涉及“财务费用”。

4.【正确答案】A

【答案解析】营业外收入是指企业发生的与日常生产经营活动无直接关系的各种利得。而固定资产盘盈是企业在财产清查过程中发现的账外固定资产收益，不是企业的日常经营行为，故属于营业外收入。而BCD选项则属于日常生产经营活动中产生的主营业务收入和其他业务收入。

5.【正确答案】D

【答案解析】利润是企业在一定会计期间的经营成果。利润包括收入和费用的差额，以及企业日常活动中发生的直接计入损益的利得、损失。

6.【正确答案】D

【答案解析】根据收入确认的条件规定，采用分期收款方式销售商品时，应按合同约定的本期应收价款确认销售收入，同时按商品全部销售成本与全部销售收入的比例计算和结转成本。

7.【正确答案】D

【答案解析】采用支付手续费的方式委托代销商品，是指委托方和受托方签订合同或协议，委托方根据合同或协议约定向受托方计算支付代销手续费，受托方按照合同或协议规定的价格销售代销商品的销售方式。在这种销售方式下，受托方应在代销商品销售后，按合同或协议约定的方法计算确定代销手续费，确认劳务收入。

8.【正确答案】D

【答案解析】根据净利润的计算公式，净利润＝300−5−30＝265（万元）。因为此题中营业利润300万元中实际上已包含了25万元的管理费用和40万元投资收益，因此计算时就不要重复考虑。

9.【正确答案】B

【答案解析】本题考查的是利润的纳税调整事项。本题中国库券的利息收入10万元，全年计税工资200万元与实发工资310万元的差额，都属于纳税调整事项。因此调整后的应纳税所得额＝800−10＋（310−200）＝900（万元），应交所得税费用＝900×25%＝225（万元）。

10.【正确答案】B

【答案解析】营业外收入是指企业发生的与日常生产经营活动无直接关系的各种利得。而转销无法偿还的应付账款，不是企业的日常经营行为，故属于营业外收入。而AC选项则属于日常生产经营活动中产生的主营业务收入和其他业务收入，D选项则应计入营业外支出。

11.【正确答案】D

【答案解析】根据收入确认的条件规定，如果收入不能确认，则相关的成本也不能确认，对于发出的商品只能确认为“发出商品”。

12.【正确答案】C

【答案解析】此题考查的是营业利润的计算需要考虑的因素。其计算公式为营业利润＝营业收入−营业成本−税金及附加−销售费用−管理费用−财务费用−资产减值损失＋公允价值变动净收益＋投资净收益，不涉及营业外收入。营业外收入是在计算利润总额时要考虑的因素。

二、多项选择题

1.【正确答案】BC

【答案解析】其他业务收入是企业从事除主营业务以外的其他业务活动所取得的收入，如材料物资及包装物销售、无形资产使用权实施许可、固定资产出租、包装物出租、运输、废旧物资出售收入等。AE选项产生的收入计入主营业务收入；D选项不是收入，而是利得，计入营业外收入。

2.【正确答案】BCDE

【答案解析】在买卖双方签订代销协议销售商品时，委托方采用“视同买断方式”还是“收取手续费方式”两种情况下确认收入的时间是一样的，都是在收到受托方交付的商品代销清单时确认收入，而不是在交付商品时确认。并且在“收取手续费方式”代销时，受托方确认的收入只能是应收取的手续费收入。

3.【正确答案】ABC

【答案解析】此题考查的是两种代销商品销售方式下账务处理的不同。委托方对于发出的商品，在不能确认为收入时，“视同买断方式”下的账务处理为：借记发出商品，贷记库存商品；在“收取手续费方式”下的账务处理为：借记委托代销商品，贷记库存商品。

4.【正确答案】ABD

【答案解析】在六大会计要素中，期末无余额的账户称为虚账户，主要有收入类、成本费用类，简称损益类账户。之所以期末无余额，是因为期末它们要被结转到“本年利润”账户中去，“本年利润”的余额表示利润或亏损，最后再结转到“利润分配”账户中去。因此“利润分配”账户期末有余额。“生产成本”账户期末有余额，表示月末在产品成本。

5.【正确答案】ABE

【答案解析】所得税核算采用应付税款法时，应按照应纳税所得额直接计算应交所得税，并将当期计算的应交所得税确认为当期所得税费用。

6.【正确答案】AB

【答案解析】利润分配是指企业根据国家有关规定和企业章程、投资者协议等，对企业当年可供分配的利润在企业和投资者之间所进行的分配。其中可供分配的利润＝当年实现的净利润＋年初未分配利润（或–年初未弥补亏损）＋其他转入。因此“利润分配”账户年末贷方余额反映企业累计尚未分配的利润；如果是借方余额，则表示累计尚未弥补的亏损数额。

7.【正确答案】ABCD

【答案解析】在六大会计要素中，期末无余额的账户称为虚账户，主要有收入类、成本费用类，简称损益类账户。之所以期末无余额，是因为期末它们要被结转到“本年利润”账户中去，结出收入与费用配比的结果，也即利润或亏损，最后再结转到“利润分配”账户中去。“制造费用”账户金额期末结转到“生产成本”中去。

8.【正确答案】ACD

【答案解析】此题考查的是计算营业利润时要考虑的因素。其计算公式为营业利润

＝营业收入－营业成本－税金及附加－销售费用－管理费用－财务费用－资产减值损失＋公允价值变动净收益＋投资净收益，不涉及营业外收入。营业外收入、营业外支出是在计算利润总额时要考虑的因素。

9.【正确答案】ABC

【答案解析】企业发生销售费用时，借记“销售费用”账户，贷记“库存现金”“银行存款”“应付职工薪酬”等账户。

10.【正确答案】ABC

【答案解析】收入是指企业在日常活动中所形成的、会导致所有者权益增加的、与所有者投入资本无关的经济利益的总流入。收入包括商品销售收入、提供劳务收入、让渡资产使用权收入、利息收入、租金收入、股利收入等，但不包括为第三方或客户代收的款项，例如向购货方收取的增值税销项税额、景区门票收入等。

三、判断题

1.【正确答案】×

【答案解析】销售商品的收入，应按企业与购货方签订的合同或协议金额或双方接受的金额确定。企业在确认商品销售收入时，在总价法下不考虑将来预计可能发生的现金折扣、销售折让。现金折扣在实际发生时作为当期费用，计入财务费用；销售折让在实际发生时冲减当期销售收入。

2.【正确答案】×

【答案解析】根据收入确认的条件规定，采用分期收款的方式销售商品时，应按合同约定的收款日期分期确认各期销售收入，同时按商品全部销售成本与全部销售收入的比例计算和结转成本。

3.【正确答案】×

【答案解析】对于在同一会计年度内开始并完成的劳务，应在劳务完成时确认收入；对在不同会计年度开始并完成的劳务，且资产负债表日对该交易的结果能够可靠估计的，应采用完工百分比法确认收入。

4.【正确答案】√

【答案解析】企业在确认商品销售收入后发生的销售退回，不论是本年度还是以前年度销售的，均应在实际发生时冲减退回当月的销售收入。

5.【正确答案】√

【答案解析】企业的法定盈余公积计提的区间比例规定为，最低不能低于企业注册资本的25%，当提取比例达到企业注册资本的50%时，可不再提取。

6.【正确答案】×

【答案解析】“利润分配”账户属于所有者权益类账户，用以核算企业利润的分配（或亏损的弥补）和历年分配（或弥补）后的余额。

7.【正确答案】×

【答案解析】对于在不同会计年度开始并完成的劳务，且资产负债表日对该交易的结果不能做出可靠估计的，应分别两种情况进行处理。如已经发生的劳务成本预计能得到补偿的，应按已经发生的劳务成本金额确认收入，并按相同金额结转成本；如已经发生的劳务成本预计不能得到补偿的，应按已经发生的劳务成本计入当期损益，不能确认为劳务收入。

8.【正确答案】√

【答案解析】略

9.【正确答案】√

【答案解析】根据会计制度规定，企业销售商品时，如果同时符合以下5个条件，可以确认收入：①企业已将商品所有权上的主要风险和报酬转移给买方；②企业既没有保留通常与所有权相联系的继续管理权，也没有对已售出的商品实施控制；③相关的收入能够可靠地计量；④与交易相关的经济利益很可能流入企业；⑤相关的已发生或将发生的成本能够可靠地计量。如果商品的成本不能可靠地计量，则不能确认相关收入。

10.【正确答案】×

【答案解析】根据《企业会计制度》及《小企业会计制度》的规定，业务招待费应计入管理费用，不管是什么目的的招待费均是管理层在从事管理方面的支出。因此，即使是在拓展销售市场时所发生的业务招待费也应计入管理费用进行核算。

11.【正确答案】×

【答案解析】销售折让是指由于商品的质量、规格等不符合要求，销售单位同意在商品价格上给予的减让。在核算时，由于销售折让不具备费用的属性，因此，应当将其作为收入的抵减数处理。发生在销售收入确认之前的销售折让，其会计处理与商业折扣相同；发生在销售收入确认之后的销售折让，应该冲减发生当月的主营业务收入，并冲减主营业务成本。

12.【正确答案】×

【答案解析】对在不同会计年度开始并完成的劳务，且资产负债表日对该交易的结果能够做出可靠估计的，应采用完工百分比法确认收入。对在不同会计年度开始并完成的劳务，且资产负债表日对该交易的结果不能做出可靠估计的，应分两种情况进行处理。如已经发生的劳务成本预计能得到补偿的，应按已经发生的劳务成本金额确认收入，并按相同金额结转成本；如已经发生的劳务成本预计不能得到补偿的，应按已经发生的劳务成本计入当期损益，不能确认劳务收入。

13.【正确答案】×

【答案解析】收入是指企业在日常活动中所形成的、会导致所有者权益增加的、与所有者投入资本无关的经济利益的总流入，包括商品销售收入、提供劳务收入、让渡资产使用权收入、利息收入、租金收入、股利收入等，但不包括为第三方或客户代收的款项，如向购货方收取的增值税销项税额。

四、实训题

（一）【正确答案】

1. 甲公司销售商品时的会计分录：

借：应收账款——乙公司　　210 600

　　贷：主营业务收入　　180 000

　　　　应交税费——应交增值税（销项税额）　　30 600

2．乙公司在不同时间付款的会计分录：

（1）乙公司在 3 月 9 日按合同规定付款，则享受销货款 2%的折扣，

现金折扣额＝180 000×2%＝3 600（元），实收款净额＝210 600−3 600＝207 000（元）

会计分录如下：

借：银行存款　　207 000

　　财务费用　　3 600

　　贷：应收账款——乙公司　　210 600

（2）乙公司在 3 月 19 日按合同规定付款，则享受销货款 1%的折扣，

现金折扣额＝180 000×1%＝1 800（元），实收款净额＝210 600−1 800＝208 800（元）

会计分录如下：

借：银行存款　　208 800

　　财务费用　　1 800

　　贷：应收账款——乙公司　　210 600

（3）乙公司在 3 月 29 日按合同规定付款，则不享受销售折扣，甲公司全额收款。

会计分录如下：

借：银行存款　　210 600

　　贷：应收账款——乙公司　　210 600

（二）

1.【正确答案】

① 确认收入时，会计分录：

借：应收账款　　93 600

　　贷：主营业务收入——A 产品　　80 000

　　　　应交税费——应交增值税（销项税额）　　13 600

② 结转成本时，会计分录：

借：主营业务成本　　35 000

　　贷：库存商品　　35 000

2.【正确答案】

① 冲减退回当月的收入，由于当初乙公司付款时享受了货款 2%的折扣，因此在发生销售退回时，享受的现金折扣费也要一并冲回。应冲回的现金折扣额＝30 000×2%＝600（元），实退款＝30 000＋5 100−600＝34 500（元）。

会计分录：

借：主营业务收入　　30 000

　　应交税费——应交增值税（销项税额）　　5 100

　　贷：银行存款　　34 500

　　　　财务费用　　600

② 同时冲转成本时，会计分录：

借：库存商品——B 产品　　12 000

　　贷：主营业务成本——B 产品　　12 000

3.【正确答案】

委托方发出商品时，会计分录：

借：委托代销商品——C 产品 50 000

贷：库存商品——C 产品 50 000

4.【正确答案】

① 甲公司收到丙公司的代销清单，确认收入时，会计分录：

借：应收账款——丙公司 140 400

贷：主营业务收入 120 000

应交税费——应交增值税（销项税额） 20 400

② 结转销售成本时，会计分录：

借：主营业务成本——C 产品 50 000

贷：委托代销商品——C 产品 50 000

③ 按售价的 10%向丙公司支付的代销手续费，代销手续费＝120 000×10%＝12 000（元），会计分录：

借：销售费用——手续费 12 000

贷：应收账款——丙公司 12 000

5.【正确答案】

① 支付发生的管理费用时，会计分录：

借：管理费用 45 000

贷：银行存款 45 000

② 计提坏账准备时，会计分录：

借：资产减值损失——计提坏账准备 5 000

贷：坏账准备 5 000

6.【正确答案】

交纳城建税及教育费附加时，会计分录：

借：税金及附加 3 600

贷：应交税费——应交城市维护建设税 3 000

——应交教育费附加 600

7.【正确答案】

甲公司当月应交的所得税：

当期应纳税所得额＝（80 000−30 000＋120 000）−（35 000−12 000＋50 000＋12 000−600＋45 000＋5 000＋3 600）＝170 000−138 000＝32 000（元）

当期应纳所得税额＝32 000×25%＝8 000（元）

借：所得税费用 8 000

贷：应交税费——应交所得税 8 000

8.【正确答案】

① 结转收入类账户时，会计分录：

借：主营业务收入 170 000

财务费用 600

贷：本年利润 170 600

② 结转成本费用类账户时，会计分录：

借：本年利润　146 600

　贷：主营业务成本　73 000

　　税金及附加　3 600

　　销售费用　12 000

　　管理费用　45 000

　　资产减值损失——计提坏账准备　5 000

　　所得税费用　8 000

③ 结转本期净利润，本期净利润＝32 000−8 000＝24 000（元）

借：本年利润　24 000

　贷：利润分配——未分配利润　24 000

9.【正确答案】

按净利润的10%和5%分别提取法定盈余公积和任意盈余公积，会计分录：

借：利润分配——提取法定盈余公积　2 400

　　——提取任意盈余公积　1 200

　贷：盈余公积——一般盈余公积　3 600

10.【正确答案】

向投资者分配应付利润，会计分录：

借：利润分配——应付股利　9 600

　贷：应付股利　9 600

11.【正确答案】

结转利润分配各明细账户，会计分录：

借：利润分配——未分配利润　132 000

　贷：利润分配——提取法定盈余公积　2 400

　　——提取任意盈余公积　1 200

　　——应付股利　9 600

复习测试题（二）

一、单项选择题

1.【正确答案】D

【答案解析】收入是指企业在日常活动中所形成的、会导致所有者权益增加的、与所有者投入资本无关的经济利益的总流入。收入包括商品销售收入、提供劳务收入、让渡资产使用权收入、利息收入、租金收入、股利收入等，但不包括为第三方或客户代收的款项，如向购货方收取的增值税销项税额。

2.【正确答案】D

【答案解析】根据会计制度规定，企业销售商品时，如果同时符合以下5个条件，可以确认收入：①企业已将商品所有权上的主要风险和报酬转移给买方；②企业既没有保留通常与所有权相联系的继续管理权，也没有对已售出的商品实施控制；③相关的收入能够可靠地计量；④与交易相关的经济利益很可能流入企业；⑤相关的已发生或将发生的成本能够可靠地计量。本题属于附带条件的销售，在商品未安装完毕并检验合格前，也就是商品所有权上的主要风险和报酬未转移给买方时，是不能确认收入的。

3.【正确答案】D

【答案解析】企业在确认商品销售收入后发生的销售退回，不论是本年度，还是以前年度销售的，均应在实际发生时冲减退回当月的销售收入。

4.【正确答案】C

【答案解析】销售折扣，是指企业为了促进商品销售或为鼓励购货方尽快付款而给予的价格或债务扣除。它包括现金折扣和商业折扣。现金折扣，是销售方为敦促购货方尽早付清货款而提供的一种价格优惠。现金折扣发生在销货之后，是一种融资性质的理财费用，发生后计入或冲减“财务费用”。商业折扣，是指销售方在销售货物或应税劳务时，因购货方购买数量较大或购买行为频繁等原因，给予购货方价格方面的优惠，发生时只需按商业折扣后的净额确认销售收入，不需另做账务处理。销售折让是指由于商品的质量、规格等不符合要求，销售单位同意在商品价格上给予的减让。在核算时，由于销售折让不具备费用的属性，因此，应当将其作为收入的抵减数处理。

5.【正确答案】A

【答案解析】按照会计法规计算确定的会计利润与按照税收法规计算确定的应税利润，对同一个企业的同一个会计时期来说，在计算口径和确认时间方面存在一定的差异，即计税差异，我们一般将这个差异称为纳税调整项目。它包括超过税法规定标准的工资、费用和提取的业务招待费、福利费、工会费、教育费、折旧等不能在税前扣除的各种开支，应减除的不征税收入、免税收入、各项扣除，以及允许弥补的以前年度亏损等。国库券利息收入是免税项目，BCD选项是正常收入项目。

6.【正确答案】D

【答案解析】完工百分比法是指按照完工进度确认收入和费用的方法，主要用于提供劳务的收入和建造合同的收入的核算。如果一个劳务要跨越一个会计年度才能完成，且在资产负债表日提供劳务交易的结果能够可靠估计，应当采用完工百分比法确认收入。

7.【正确答案】B

【答案解析】营业外收入是指企业发生的与日常生产经营活动无直接关系的各种利得，主要包括非流动资产处置利得、政府补助、盘盈利得、捐赠利得、非货币性资产交换利得、债务重组利得，以及各种违约收入。

8.【正确答案】A

【答案解析】银行的存款利息收入涉及资金筹措方面产生的收益，会计上没用专门的会计账户来核算，而是通过贷记“账务费用”来实现核算的目的。

9.【正确答案】D

【答案解析】《所得税暂行条例》规定：“纳税人发生年度亏损的，可以用下一纳税年度的所得弥补，下一纳税年度的所得不足弥补的，可以逐年延续弥补，但是延续弥补期最长不得超过5年。”

10.【正确答案】B

【答案解析】本题涉及纳税调整项目。该企业的应纳税所得额＝800 000−50 000＋20 000＋10 000＝780 000（元）。

11.【正确答案】D

【答案解析】其他业务收入是企业从事除主营业务以外的其他业务活动所取得的收入，如材料物资及包装物销售、无形资产使用权实施许可、固定资产出租、包装物出租、运输、废旧物资出售收入等。技术转让收入属于让渡资产使用权产生的收入，属于其他业务收入。

12.【正确答案】D

【答案解析】根据收入确认的条件规定，采用分期收款的方式销售商品时，应按合同约定的收款日期分期确认各期销售收入，同时按商品全部销售成本与全部销售收入的比例计算和结转成本。

二、多项选择题

1.【正确答案】ABDE

【答案解析】财务费用是指企业为筹集生产经营所需资金等而发生的费用，包括应当作为期间费用的利息支出（减利息收入）、汇兑损失（减汇兑收益）、银行手续费、借款费用、企业发生的现金折扣或收到的现金折扣。

2.【正确答案】ADE

【答案解析】营业外支出是指企业发生的与其生产经营无直接关系的各项损失，主要包括非流动资产处置损失、公益性捐赠支出、盘亏损失、罚款支出、非常损失等。B选项计入制造费用，C选项计入管理费用。

3.【正确答案】ABCDE

【答案解析】营业外收入是指企业发生的与其日常生产经营活动无直接关系的各种利得，主要包括非流动资产处置利得、盘盈利得、罚没得利、捐赠利得、确实无法支付而应按规定程序经批准后转作营业外收入的应付款项等。

4.【正确答案】ABCE

【答案解析】利润是指企业在一定会计期间的经营成果。利润包括收入减去费用后的净额、直接计入当期利润的利得和损失等。利润包括主营业务利润、其他业务利润、投资收益、营业外收支净额等。

5.【正确答案】ACE

【答案解析】企业亏损弥补方式有3种：①可以用次年度的税前利润弥补，次年度利润不足弥补的，可以在5年内延续弥补；②5年内的税前利润不足弥补时，用税后利润弥补；③企业发生的亏损，可以用盈余公积弥补。

6.【正确答案】ABCD

【答案解析】管理费用是指企业为组织和管理企业生产经营所发生的管理费用。E选项计入制造费用。

7.【正确答案】ACD

【答案解析】收入是指企业在日常活动中所形成的、会导致所有者权益增加的、与所有者投入资本无关的经济利益的总流入，包括商品销售收入、提供劳务收入、让渡资产使用权收入、利息收入、租金收入、股利收入等，但不包括为第三方或客户代收的款项。

8.【正确答案】ABCE

【答案解析】所有的损益类账户期末都要结转到“本年利润”账户中去，“营业利润”是利润计算的一个中间环节，不属于会计账户。

9.【正确答案】BCDE

【答案解析】商品销售是指商品生产企业以取得货币资金方式出售所经营的商品，以及在正常情况下以商品抵债，转移商品所有权并取得销售收入的交易行为。包装物的销售可视为商品销售，BCDE选项的行为不能算作商品销售，应按成本结转。

10.【正确答案】ACD

【答案解析】税金及附加反映企业经营主营业务和其他业务应负担的消费税、城市维护建设税、资源税和教育费附加等。B选项是价外税，E选项计入所得税费用。

三、判断题

1.【正确答案】√

【答案解析】收入是指企业在日常活动中所形成的、会导致所有者权益增加的、与所有者投入资本无关的经济利益的总流入，包括商品销售收入、提供劳务收入、让渡资产使用权收入、利息收入、租金收入、股利收入等。收入只包括本企业经济利益的流入，不包括为第三方或客户代收的款项。

2.【正确答案】√

【答案解析】略

3.【正确答案】×

【答案解析】企业亏损弥补方式有3种：①可以用次年度的税前利润弥补，次年度利润不足弥补的，可以在5年内延续弥补；②5年内的税前利润不足弥补时，用税后利润弥补；③企业发生的亏损，可以用盈余公积弥补。可见企业补亏是有顺序规定要求的，因此“可任意选择税前利润、盈余公积或税后利润弥补亏损”的说法不对。

4.【正确答案】√

【答案解析】无论是以税前利润还是税后利润弥补亏损，其会计处理方法相同，无须专门做会计分录。但两者在计算交纳所得税时的处理不同。在以税前利润弥补亏损的情况下，其弥补的数额可以抵减当期企业应纳税所得额，而以税后利润弥补的数额，则不能作为纳税所得扣除处理。

5.【正确答案】×

【答案解析】对在不同会计年度开始并完成的劳务，且资产负债表日对该交易的结果不能做出可靠估计的，应分两种情况进行处理：如已经发生的劳务成本预计能得到补偿的，应按已经发生的劳务成本金额确认收入，并按相同金额结转成本；如已经发生的劳务成本预计不能得到补偿的，应按已经发生的劳务成本计入当期损益，不能确认劳务收入。

6.【正确答案】√

【答案解析】采用支付手续费的代销方式下，委托方在发出商品时，商品所有权上的主要风险和报酬并未转移给受托方，委托方在发出商品时通常不应确认销售商品收入，而应在收到受托方开出的代销清单时确认销售商品收入，同时将应支付的代销手续费计入销售费用。

7.【正确答案】√

【答案解析】利润表中的净利润就是本年利润中的贷方余额，那么在不存在记账错误的情况下，两者是相等的。

8.【正确答案】√

【答案解析】根据会计制度规定，企业销售商品时，如果同时符合以下5个条件，可以确认收入：①企业已将商品所有权上的主要风险和报酬转移给买方；②企业既没有保留通常与所有权相联系的继续管理权，也没有对已售出的商品实施控制；③相关的收入能够可靠地计量；④与交易相关的经济利益能够流入企业；⑤相关的已发生或将发生的成本能够可靠地计量。如果商品的成本不能可靠地计量，则不能确认相关收入。

9.【正确答案】×

【答案解析】销售折让是指由于商品的质量、规格等不符合要求，销售单位同意在商品价格上给予的减让。在核算时，由于销售折让不具备费用的属性，因此，应当将其作为收入的抵减数处理。发生在销售收入确认之前的销售折让，其会计处理与商业折扣相同；发生在销售收入确认之后的销售折让，应该冲减发生当月的主营业务收入，并冲减主营业务成本。

10.【正确答案】×

【答案解析】对在不同会计年度开始并完成的劳务，且资产负债表日对该交易的结果能够可靠估计的，应采用完工百分比法确认收入。对在不同会计年度开始并完成的劳务，且资产负债表日对该交易的结果不能做出可靠估计的，应分两种情况进行处理：如已经发生的劳务成本预计能得到补偿的，应按已经发生的劳务成本金额确认收入，并按相同金额结转成本；如已经发生的劳务成本预计不能得到补偿的，应按已经发生的劳务成本计入当期损益，不能确认劳务收入。

11.【正确答案】×

【答案解析】收入是指企业在日常活动中所形成的、会导致所有者权益增加的、与所有者投入资本无关的经济利益的总流入，包括商品销售收入、提供劳务收入、让渡资产使用权收入、利息收入、租金收入、股利收入等，但不包括为第三方或客户代收的款项，如向购货方收取的增值税销项税额。

12.【正确答案】√

【答案解析】在买卖双方签订代销协议销售商品时，委托方无论采用“视同买断方式”，还是“收取手续费方式”，确认收入的时间是一样的，都是在收到受托方交付的商品代销清单时确认收入，而不是在交付商品时确认。

13.【正确答案】×

【答案解析】这种说法太绝对。例如在“委托加工”方式下，加工的是应交消费税的物资，如委托加工物资收回后，用于直接销售的，则将受托方代扣代交的消费税借记“委托加工物资”账户；如委托加工物资收回后，用于连续生产的，则委托方将消费税借记“应交税费——应交消费税”。也就是说，不是所有发生的消费税都通过“税金及附加”账户核算。

四、综合实务题

1.【正确答案】

（1）

宏达企业销售商品时的会计分录：

借：应收账款 60 500

　　贷：主营业务收入——甲产品 50 000

　　　　应交税费——应交增值税（销项税额） 8 500

　　　　银行存款 2 000

（2）

① 确认收入时的会计分录：

借：应收票据 93 600

　　贷：主营业务收入——乙产品 80 000

　　　　应交税费——应交增值税（销项税额） 13 600

② 领用不单独计价的包装物时的会计分录：

借：销售费用 1 350

　　贷：周转材料——包装物 1 350

（3）收到预收款时的会计分录：

借：银行存款 14 625

　　贷：预收账款 14 625

（4）销售退回时，冲减退回当月的收入，会计分录：

借：主营业务收入 25 000

　　贷：应交税费——应交增值税（销项税额） 4 250

　　　　银行存款 29 250

（5）转让专利权时的会计分录：

借：银行存款 20 000

　　累计摊销 3 000

　　贷：无形资产——专利权 18 000

　　　　营业外收入——处置非流动资产利得 5 000

（6）支付广告费时的会计分录：

借：销售费用——广告费 5 000

　　贷：银行存款 5 000

（7）发出预收款销售的甲商品时的会计分录：

借：预收账款 14 625

　　贷：主营业务收入 12 500

　　　　应交税费——应交增值税（销项税额） 2 125

（8）

① 计算产品销售成本：

甲产品销售成本＝（100−50＋25）×250＝18 750（元）

乙产品销售成本＝200×200＝40 000（元）

两种产品总成本＝18 750＋40 000＝58 750（元）

② 结转产品销售成本时的会计分录：

借：主营业务成本　　58 750

　　贷：库存商品——甲产品　　40 000

　　　　　　　　——乙产品　　18 750

（9）乙产品应交的消费税＝80 000×8%＝6 400（元）

借：税金及附加　　10 400

　　贷：应交税费——应交消费税　　6 400

　　　　　　　　——应交城市维护建设税　　2 600

　　　　　　　　——应交教育费附加　　1 400

2.【正确答案】

营业利润＝(50 000＋80 000−25 000＋12 500)−(58 750＋1 350＋5 000＋10 400＋4 500＋5 500)＋60 000

＝117 500−85 500＋60 000＝92 000（元）

利润总额＝92 000＋30 000−20 000＝102 000（元）

所得税费用＝[102 000−20 000＋(80 000−70 000)＋5 000]×25%＝97 000×25%＝24 250(元)

净利润＝102 000−24 250＝77 750（元）

复习测试题（三）

一、单项选择题

1.【正确答案】C

【答案解析】其他业务收入是指企业从事除主营业务以外的其他业务活动所取得的收入，如材料物资及包装物销售、无形资产使用权实施许可、固定资产出租、包装物出租、运输、废旧物资出售收入等。出租无形资产收入属于让渡资产使用权产生的收入，属于其他业务收入。ABD选项产生的收入均计入营业外收入。

2.【正确答案】D

【答案解析】现金折扣是一种融资性质的理财费用，发生后计入或冲减财务费用。而AC选项于发生后冲减销售收入，B选项发生时只需按扣除商业折扣后的净额确认销售收入，不需另做账务处理。

3.【正确答案】C

【答案解析】主营业务收入是指企业在正常生产经营过程中所从事的主要业务所取得的收入，其包括销售商品收入、提供工业性劳务收入等。其他业务收入是指企业从事除主营业务以外的其他业务活动所取得的收入，如材料物资及包装物销售、无形资产使用权实施许可、固定资产出租、包装物出租、运输、废旧物资出售收入等。

4.【正确答案】D

【答案解析】会计要素中的“费用”，是指企业发生的各种耗费，包括两个方面内容：一是销售成本；二是期间费用。A选项计入销售费用，BC选项均计入管理费用，D选项计入资产项目，ABC选项均为费用项目，D选项则是成本项目。

5.【正确答案】A

【答案解析】其他业务成本是企业除主营业务活动以外的其他经营活动所发生的成本。B选项于发生时按可收回的保险赔偿或过失人赔偿，借记“其他应收款”账户；扣除残料价值和应由保险公司、过失人赔偿后的净损失，属于一般经营损失的部分，计入管理费用，属于非常损失的部分，计入营业外支出。CD选项则于发生时计入营业外支出。

6.【正确答案】D

【答案解析】此题考查的是计算营业利润时要考虑的因素。其计算公式为营业利润＝营业收入−营业成本−税金及附加−销售费用−管理费用−财务费用−资产减值损失＋公允价值变动净收益＋投资净收益，不涉及营业外收入。营业外收入是在计算利润总额时要考虑的因素。D选项应计入营业外收入，AB选项计入主营业务收入，C选项计入其他业务收入。“主营业务收入”和“其他业务收入”共同称为“营业收入”。

7.【正确答案】B

【答案解析】此题中只有现金折扣需计入财务费用，商业折扣和销售折让直接冲减销售收入。

8.【正确答案】B

【答案解析】约当产量比例法是指将月末在产品数量按照完工程度折算为相当于完工产品的产量，即约当产量，然后按照完工产品产量与在产品约当产量的比例分配计算完工产品费用和月末在产品费用的方法。ACD选项是分配辅助生产费用的方法。

9.【正确答案】C

【答案解析】印花税计税依据根据应税凭证的性质分别规定有以下几种：①合同或者具有合同性质的凭证，以凭证所载金额作为计税依据。②营业账簿中记载资金的账簿，以实收资本和资本公税总额作为计税依据。③不记载金额的权利许可证照：营业执照、专利证、房屋产权证等，以及企业的日记账簿和各种明细分类账簿等辅助性账簿，按凭证或账簿的件数纳税。个人所得税以职工工资为依据；企业所得税以企业利润总额或应纳税所得额为依据。

10.【正确答案】A

【答案解析】采用支付手续费的代销方式，委托方在发出商品时，商品所有权上的主要风险和报酬并未转移给受托方，委托方在发出商品时通常不应确认销售商品收入，而应在收到受托方开出的代销清单时确认销售商品收入，同时将应支付的代销手续费计入销售费用。

11.【正确答案】C

【答案解析】利润是指企业在一定会计期间的经营成果。利润包括收入减去费用后的差额，以及企业日常活动中发生的直接计入利润的利得、损失。

12.【正确答案】D

【答案解析】利润总额＝营业利润＋营业外收入−营业外支出＝110＋30＝140（万

元)。其中，营业利润＝营业收入−营业成本−税金及附加−销售费用−管理费用−财务费用−资产减值损失＋公允价值变动净收益＋投资净收益，管理费用和投资收益金额已经包含在营业利润的计算中，算利润总额时不能重复计算。

二、多项选择题

1.【正确答案】ABC

【答案解析】DE选项是按企业经营业务的主次分类形成的。

2.【正确答案】ACDE

【答案解析】管理费用是指企业行政管理部门为组织和管理生产经营活动而发生的各项费用。

3.【正确答案】ABC

【答案解析】利润总额＝营业利润＋营业外收入−营业外支出。

4.【正确答案】ACD

【答案解析】税金及附加反映企业经营主营业务和其他业务应负担的消费税、城市维护建设税、资源税和教育费附加等，属于价内税。

5.【正确答案】BCDE

【答案解析】费用分为销售成本和期间费用两类。销售成本为计入产品成本和劳务中的费用，包括直接成本费用和间接成本费用。BD选项属于直接成本费用，CE属于间接成本费用，即“制造费用”。A选项计入管理费用，它属于期间费用之一。

6.【正确答案】BCD

【答案解析】收入是指企业在日常活动中所形成的、会导致所有者权益增加的、与所有者投入资本无关的经济利益的总流入，包括商品销售收入、提供劳务收入、让渡资产使用权收入、利息收入、租金收入、股利收入等，但不包括为第三方或客户代收的款项。BCD选项产生的收入都是企业在日常活动中所形成的主营业务收入和其他业务收入，A选项则是非日常活动中产生的，其产生的净收益计入营业外收入，净损失则计入营业外支出。

7.【正确答案】BCD

【答案解析】企业亏损弥补方式有3种：①可以用次年度的税前利润弥补，次年度利润不足弥补的，可以在5年内延续弥补；②5年内的税前利润不足弥补时，用税后利润弥补；③企业发生的亏损，可以用盈余公积弥补。

8.【正确答案】ABD

【答案解析】在六大会计要素中，收入类、成本费用类，即损益类账户期末无余额，是因为期末它们要结转到“本年利润”账户中去，结出收入与费用配比的结果，也即利润或亏损，最后再结转到“利润分配”账户中去。因此“本年利润”账户期末结转后也无余额，“利润分配”及“资本公积”账户是有期末余额的。

9.【正确答案】BCE

【答案解析】计入产品成本的费用，包括直接成本费用和间接成本费用。生产工人工资、直接材料支出计入生产成本，属于直接成本费用；车间的水电费计入制造费用，属于间接成本费用。AD选项则计入管理费用，属于期间费用。

10.【正确答案】ABCE

【答案解析】按照会计法规计算确定的会计利润与按照税收法规计算确定的应税利

润，在计算口径和确认时间方面存在一定的差异，即计税差异，我们一般将这个差异称为纳税调整项目。它包括超过税法规定标准的工资、费用和提取的业务招待费、福利费、工会费、教育费、折旧等不能在税前扣除的各种开支，以及应减除的不征税收入、免税收入、各项扣除，以及允许弥补的以前年度亏损等。ABCE选项均属于纳税调整项目。“捐赠利得”从财务角度讲，计入营业外收入，从税务角度讲，也要交企业所得税，所以不属于纳税调整项目。

三、判断题

1.【正确答案】√

【答案解析】根据会计制度规定，企业销售商品时，应同时符合5个条件才可以确认收入，其中一条是“相关的已发生或将发生的成本能够可靠地计量”。如果商品的成本不能可靠地计量，则不能确认相关收入。

2.【正确答案】√

【答案解析】收入是指企业在日常活动中形成的、会导致所有者权益增加的、与所有者投入资本无关的经济利益的总流入。费用是指企业在日常活动中形成的、会导致所有者权益减少的、与向所有者分配利润无关的经济利益的总流出。根据收入与费用的概念，企业取得收入和发生费用，最终会导致所有者权益发生变化。

3.【正确答案】√

【答案解析】略

4.【正确答案】×

【答案解析】无形资产出售是属于企业非日常活动中产生的偶发行为，其产生的净收益计入营业外收入，净损失则计入营业外支出，不能计入其他业务收入。

5.【正确答案】×

【答案解析】根据《企业会计制度》及《小企业会计制度》的规定，业务招待费应计入管理费用，不管是什么目的的招待费均是管理层在从事管理方面的支出。因此，即使是在拓展销售市场时所发生的业务招待费也应计入管理费用进行核算。

6.【正确答案】√

【答案解析】约当产量是指根据期末在产品的投料和加工程度，将在产品按一定标准折合为相当于完工产品的数量。

7.【正确答案】√

【答案解析】视同销售是指在会计上不作为销售核算，而在税收上作为销售，确认收入计缴税金的商品或劳务的转移行为。视同销售行为包括：①将货物交付他人代销；②销售代销货物；③设有两个以上机构并实行统一核算的纳税人，将货物从一个机构移送至其他机构用于销售，但相关机构设在同一县（市）的除外；④将自产、委托加工的货物用于非应税项目；⑤将自产、委托加工或购买的货物作为投资，提供给其他单位或个体经营者；⑥将自产、委托加工或购买的货物用于分配给股东或投资者；⑦将自产、委托加工的货物用于集体福利或个人消费；⑧将自产、委托加工或购买的货物无偿赠送他人。

8.【正确答案】√

【答案解析】销售商品的收入，应按企业与购货方签订的合同或协议金额或双方接受的金额确定。企业在确认商品销售收入时，在总价法下不考虑将来预计可能发生的现金折扣、销售折让。现金折扣在实际发生时作为当期费用，计入财务费用；销售折让在实际发生时冲减当期销售收入。

9.【正确答案】√

【答案解析】无论是以税前利润，还是税后利润弥补亏损，其会计处理方法都相同，无须专门做会计分录。但两者在计算交纳所得税时的处理不同，在以税前利润弥补亏损的情况下，其弥补的数额可以抵减当期企业应纳税所得额，而以税后利润弥补的数额，则不能作为纳税所得扣除处理。

10.【正确答案】×

【答案解析】有些支出并不减少所有者权益，不能成为费用。如以银行存款偿还一项负债。只是资产和负债的减少，对所有者权益没有影响，所以不能归为费用。

11.【正确答案】×

【答案解析】应纳税所得额＝税前会计利润＋纳税调整增加额-纳税调整减少额。税前会计利润与应纳税所得额之间存在纳税调整项目。

12.【正确答案】√

【答案解析】法定盈余公积，是指按照企业净利润和法定比例计提的盈余公积。它的提取比例一般为净利润的10%，当法定盈余公积累计金额达到企业注册资本的50%以上时，可以不再提取。

13.【正确答案】×

【答案解析】当年盈利，则年度终了结账时，应按盈利金额借记“本年利润”，贷记“利润分配——未分配利润”。

四、计算分析题

（1）【正确答案】

应纳税所得额＝100-15-3＋3.5＋3＋1.5＝90（万元）

应纳所得税额＝90×25%＝22.5（万元）

（2）【正确答案】

① 交所得税时的会计分录：

借：所得税费用　　225 000

　贷：应交税费——应交所得税　　225 000

② 结转所得税时的会计分录：

借：本年利润　　225 000

　贷：所得税费用　　225 000

五、实训题

1.【正确答案】

（1）① 销售商品时确认收入的会计分录：

借：应收账款　　117 000

　贷：主营业务收入——A 产品　　100 000

　　　应交税费——应交增值税（销项税额）　　17 000

② 结转产品销售成本时的会计分录：

借：主营业务成本　25 000

　贷：库存商品——A 产品　25 000

（2）① 冲减退回当月的收入，由于当初乙公司付款时享受了货款2%的折扣，因此在发生销售退回时，享受的现金折扣费也要一并冲回。应冲回的现金折扣额＝30 000×2%＝600（元），实退款＝30 000＋5 100−600＝34 500（元）。

冲减收入时的会计分录：

借：主营业务收入——B 商品　30 000

　贷：应交税费——应交增值税（销项税额）　5 100

　　银行存款　34 500

　　财务费用　600

② 同时冲转成本时的会计分录：

借：库存商品——B 商品　7 500

　贷：主营业务成本——B 商品　7 500

（3）发出商品时的会计分录：

借：发出商品——C 商品　5 000

　贷：库存商品——C 商品　5 000

（4）① 确认收入时的会计分录：

借：应收账款　58 500

　贷：主营业务收入——C 产品　50 000

　　应交税费——应交增值税（销项税额）　8 500

② 结转产品销售成本时的会计分录：

借：主营业务成本　5 000

　贷：发出商品——C 产品　5 000

（5）① 支付管理费、广告费时的会计分录：

借：管理费用　7 000

　销售费用——广告费　4 600

　贷：银行存款　11 600

② 计提坏账准备时的会计分录：

借：资产减值损失——计提坏账准备　3 500

　贷：坏账准备　3 500

（6）交纳城市维护建设税、教育费附加时的会计分录：

借：税金及附加　4 000

　贷：应交税费——应交城市维护建设税　3 200

　　　——应交教育费附加　800

（7）红星股份公司当月应交的所得税：

当期应纳税所得额＝(100 000−30 000＋50 000)−(25 000−7 500＋5 000−600＋7 000
＋4 600＋3 500＋4 000)
＝120 000−41 000＝79 000（元）

当期应纳所得税额＝79 000×25%＝19 750（元）

借：所得税费用　　19 750
　贷：应交税费——应交所得税　　19 750

（8）① 结转收入类账户时的会计分录：

借：主营业务收入　　120 000
　财务费用　　600
　贷：本年利润　　120 600

② 结转成本费用类账户时的会计分录：

借：本年利润　　61 350
　贷：主营业务成本　　22 500
　　税金及附加　　4 000
　　销售费用　　4 600
　　管理费用　　7 000
　　资产减值损失——计提坏账准备　　3 500
　　所得税费用　　19 750

2.【正确答案】

主营业务收入＝100 000−30 000＋50 000＝120 000（元）

主营业务成本＝25 000−7 500＋5 000＝22 500（元）

营业利润＝120 000−(22 500−600＋7 000＋4 600＋3 500＋4 000)＝79 000（元）

利润总额＝79 000（元）

净利润＝79 000−79 000×25%＝59 250（元）

第十章　财 务 报 表

复习测试题

一、单项选择题

1.【正确答案】B

【答案解析】存货项目＝100＋70−5＋150＝315（万元），“工程物资”不能计入存货项目内。

2.【正确答案】B

【答案解析】ACD选项均计入管理费用。

3.【正确答案】A

【答案解析】存货项目＝50＋60−5＝105（万元），“工程物资”不能计入存货项目内。

4.【正确答案】C

【答案解析】应收账款＝800−15＝785（万元）。

5.【正确答案】B

【答案解析】ACD选项均应根据有关总账的期末余额分析计算填列。

6.【正确答案】B

【答案解析】略

7.【正确答案】C

【答案解析】利润分配表是利润表的附表。

8.【正确答案】D

【答案解析】略

9.【正确答案】A

【答案解析】工资应该先计提，计入应付职工薪酬，然后根据实际发放冲减，所以不会出现负数。

10.【正确答案】B

【答案解析】一年内到期的长期投资应作为流动资产来对待，填表时，将其从“长期投资”中扣除后填列。

11.【正确答案】C

【答案解析】ABD选项均属于长期负债项目。

12.【正确答案】B

【答案解析】ACD选项均应根据有关总账的期末余额分析计算填列。

二、多项选择题

1.【正确答案】AC

【答案解析】略

2.【正确答案】BD

【答案解析】略

3.【正确答案】CDE

【答案解析】略

4.【正确答案】ABDE

【答案解析】“制造费用”期末时结转入“生产成本”。

5.【正确答案】AD

【答案解析】略

6.【正确答案】ABCD

【答案解析】略

7.【正确答案】ABD

【答案解析】略

8.【正确答案】BCD

【答案解析】略

9.【正确答案】ABE

【答案解析】CD选项是利润表所要反映的内容。

10.【正确答案】BDE

【答案解析】A选项要根据总账和明细账余额分析计算填列。C选项根据总账和明细账余额分析计算填列。

三、判断题

1.【正确答案】×

【答案解析】可供分配的利润减去应提取的盈余公积，应付利润等项目后才等于未分配利润。

2.【正确答案】×

【答案解析】企业采用出包方式建造固定资产时，按合同规定向建造承包商预付的款项，应在资产负债表中列示为“在建工程”。因为“在建工程”是工程出包时与承包商结算的账户。

3.【正确答案】×

【答案解析】企业对资产负债表中的资产并不都拥有所有权，如融资租入的固定资产。

4.【正确答案】×

【答案解析】利润表是反映企业一定时期经营成果的报表。

5.【正确答案】×

【答案解析】“应收票据”项目，反映企业收到的、未到期收款也未向银行贴现的应收票据，包括商业承兑汇票和银行承兑汇票。本项目应根据“应收票据”账户的期末余额填列。已向银行贴现和已背书转让的应收票据不包括在本项目内，其中已贴现的商业承兑汇票应在会计报表附注中单独披露。

6.【正确答案】√

【答案解析】略

7.【正确答案】√

【答案解析】略

8.【正确答案】×

【答案解析】一般对企业存货范围的确认是看其对货物是否具有法人财产权（或法定产权）。法定产权属于企业的物资，无论其存放出于何种状态，都应确认为是企业的存货，例如“委托加工物资”。反之，凡是法定产权不属于企业的物资，即使存放在企业，也不应确认为企业存货，例如“受托代销商品”。

9.【正确答案】×

【答案解析】盈余公积是按本年度年末的未分配利润来计算提取的。

10.【正确答案】×

【答案解析】“固定资产清理”账户虽然是一个资产类账户，但其期末余额也有可能在贷方，因此资产负债表中的“固定资产清理”项目，应根据“固定资产清理”账户的本期借方余额减去贷方余额填列。固定资产清理余额如果是亏损就在贷方，利得就在借方，出现反方向余额，就以负数填列。

11.【正确答案】√

【答案解析】这是由会计平衡公式决定的。

12.【正确答案】√

【答案解析】略

13.【正确答案】×

【答案解析】会计报表提供的信息不仅对外部的投资者和债权人有用，对内部的管理人员和职工都有用。

四、实训题

（一）1.【正确答案】

（1）① 销售商品时确认收入的会计分录：

借：银行存款　1 755 000

　贷：主营业务收入——A 产品　1 500 000

　　应交税费——应交增值税（销项税额）　255 000

② 结转产品销售成本时的会计分录：

借：主营业务成本　600 000

　贷：库存商品——A 产品　600 0000

（2）分配工资时的会计分录：

借：生产成本　1 300 000

　制造费用　120 000

　管理费用　150 000

　销售费用　180 000

　贷：应付职工薪酬——工资　1 750 000

（3）摊销自用无形资产成本：

借：管理费用　50 000

　贷：累计摊销　50 000

（4）交纳城市维护建设税、教育费附加时的会计分录：

借：税金及附加　40 000

　贷：应交税费——应交城市维护建设税　35 000

　　——应交教育费附加　5 000

2.【正确答案】

利润表

编制单位：大渝公司　　　　2016 年 12 月　　　　单位：万元

项目	本期金额	上期金额
一、营业收入	150	185
减：营业成本	60	80
税金及附加	4	15
销售费用	18	34
管理费用	20	21
财务费用		22
资产减值损失		
加：公允价值变动收益（损失以–填列）		
投资收益（损失以–填列）		22
其中：对联营企业和合营企业投资收益		
二、营业利润（损失以–填列）	48	35
加：营业外收入		30
减：营业外支出		20
其中：非流动资产处置损失		
三、利润总额（损失以–填列）	48	45
减：所得税费用	12	11.25
四、净利润（净损失以–填列）	36	33.75
五、每股收益		
（一）基本每股收益		
（二）稀释每股收益		

3.【正确答案】

该公司2016年应交所得税的会计分录：

借：所得税费用　　120 000

　　贷：应交税费——应交所得税　　120 000

（二）1.【正确答案】

（1）采购材料时的会计分录：

借：材料采购　　30 000

　　应交税费——应交增值税（进项税额）　　5 100

　　贷：预付账款——A 公司　　10 000

　　　　应付账款——A 公司　　25 100

（2）材料入库时的会计分录：

借：原材料　　32 000

　　贷：材料采购　　30 000

　　　　材料成本差异　　2 000

（3）收回坏账时的会计分录：

借：银行存款　　5 000

　　贷：坏账准备　　5 000

（4）计提折旧时的会计分录：

借：管理费用　　20 000

　　贷：累计折旧　　20 000

（5）

① 销售商品时确认收入的会计分录：

借：银行存款　　117 000

　　贷：主营业务收入　　100 000

　　　　应交税费——应交增值税（销项税额）　　17 000

② 结转产品销售成本时的会计分录：

借：主营业务成本　　70 000

　　贷：库存商品　　70 000

（6）支付利息时的会计分录：

借：财务费用　　20 000

　　贷：银行存款　　20 000

（7）归还长期借款时的会计分录：

借：长期借款　　70 000

　　贷：银行存款　　70 000

（8）本月预交所得税，

① 预提时的会计分录：

借：所得税费用　　10 000

　　贷：应交税费——应交所得税　　10 000

② 结转所得税时的会计分录：

借：本年利润　　10 000

　　贷：所得税费用　　10 000

③ 预交所得税时的会计分录：

借：应交税费——应交所得税　　10 000

　　贷：银行存款　　10 000

2.【正确答案】

编制该公司 2017 年 1 月 31 日的资产负债表。

资产负债表

会企 01 表

编制单位：渝都公司　　　　2017 年 1 月　　　　单位：元

资产	期末余额	年初余额	负债和所有者权益	期末余额	年初余额
流动资产：			流动负债：		
货币资金	40 300	18 300	短期借款	100 000	100 000
交易性金融资产			交易性金融负债		
应收票据			应付票据		
应收账款	54 700	59 700	应付账款	80 100	55 000
预付账款	0	10 000	预收账款		
应收利息			应付职工薪酬		
应收股利			应交税费	11 900	
其他应收款	6 000	6 000	应付利息	0	20 000
存货	130 000	170 000	应付股利		
一年内到期的非流动资产			其他应付款		
其他流动资产			一年内到期的非流动负债	40 000	
流动资产合计	231 000	264 000	其他流动负债		
非流动资产：			流动负债合计	232 000	175 000
可供出售金融资产			非流动负债：		
长期应收款			长期借款	100 000	210 000
长期股权投资	160 000	160 000	应付债券		
固定资产	284 000	304 000	长期应付款		
在建工程			非流动负债合计	100 000	
工程物资			负债合计	332 000	385 000
固定资产清理			所有者权益：		
无形资产			实收资本	250 000	250 000
开发支出			资本公积	53 000	53 000
商誉			盈余公积	40 000	40 000
长期待摊费用			未分配利润		
非流动资产合计	444 000		所有者权益合计	343 000	343 000
资产总计	675 000	728 000	负债和所有者权益总计	675 000	728 000